SHUISHOU XIEDING DE
ZHENGYIXING

税收协定的正义性

张小青　著

东北林业大学出版社
Northeast Forestry University Press
·哈尔滨·

图书在版编目（CIP）数据

税收协定的正义性／张小青著．—哈尔滨：
东北林业大学出版社，2016.12（2024.1重印）

ISBN 978‒7‒5674‒0986‒6

Ⅰ．①税… Ⅱ．①张… Ⅲ．①国际税收—经济协定—
研究 Ⅳ．①F810.42

中国版本图书馆 CIP 数据核字（2017）第 015613 号

责任编辑：赵　侠　彭　宇
封面设计：琦　琦
出版发行：东北林业大学出版社
　　　　　（哈尔滨市香坊区哈平六道街 6 号　邮编：150040）
印　　装：三河市天润建兴印务有限公司
开　　本：710 mm×1 000 mm　1/16
印　　张：12.5
字　　数：165 千字
版　　次：2017 年 9 月第 1 版
印　　次：2024 年 1 月第 2 次印刷
定　　价：58.80 元

目　　录

第一章 导论

一、研究目的和意义

伴随着经济全球化的迅猛发展及各国经济贸易往来的增加，各国之间缔结了大量税收协定（主要采用双边税收协定的形式），以消除各自基于居民地或来源地税收管辖权对纳税人的跨国收入进行的双重征税。目前，世界上签订的双边税收协定有 2 000 多个，其中，我国与其他国家签订的双边税收协定有 80 多个。税收协定是发展贸易的一种工具，它有益于各国之间的友好关系，因此也是一个重要研究课题。

由于国际税收是一个重要而复杂的课题，为了帮助政府在签订税收协定时更好地维护民族利益，我们应当对税收协定进行深入、扎实的研究。马克思主义者相信"知始于行"，可以说，当今世界大量税收协定的存在为我们更好地从理论层面认知税收协定提供了基础，与之相辅相成的是，理论高度的认知必将推进我国缔结税收协定的实践活动的进一步发展。也就是说，没有"知"，行难远。

然而，关于这个领域，国际理论界普遍存在着注重实证探讨的倾向，重视税收协定的"实然"研究而忽视了"应然"描述。例如，有大量的学术著述是在讨论各国的税收协定的现状、特点，以及它与《经济合作与发展组织关于对所得和财产避免双重征税的协定范本》（亦称 OECD 范本，以下简称《经合组织范本》）等的异同，也有大量的著述在研究协定中各条款的特征。本书作者以为，"实然"研究固然重要，但对于税收协定的"应然"研究是在探讨现状背后的本质、义理，它有着更重要的意义。税收协定的正义性是实证研究者没有涉足的课题，但税收协定的正义性是实证研究的一个前提，它起着检验方向和确定根基的稳固性的作用。

在实践中，各国在缔结税收协定时往往照搬《经合组织范本》和《联合国避免双重征税协定范本》（以下简称《联合国范本》），缔结税收协定成为一种机械和刻板的行为。虽然这里有成本和收益的核算及与其他国家保持一致性的考虑，然而，当各国没有表现出对于崇高理念——正义性的向往和追求，而只是对于功利性的屈服时，这不免让人怀疑其中的进步性。国家行为很多情况下都是对自我利益的追逐，这是一种广泛蔓延的现象，也被冠以"现实主义"的名号，然而，我们必须清醒地认识到人类文明的发展进程是一个不断抛弃低下和卑劣行为趋向善的过程。如果没有对实践行为的清晰认识和深刻反思，不对现实行为与正义的差距进行度量，就没有推进文明进程的可能性。

对于税收协定正义性的探究可以向立法者输入清新的理念气息。范本有着强大的示范作用，就像行业标准一样，一旦确定就很难动摇其领导作用和领先地位。然而，在缔结和修订具体的税收协定时，立法者的眼界可以变得开阔，且不必过于被动——他们应该明白，对于国家利益的追求是狭隘的，因为范本在历经修订后所体现的是不断趋近正义性的趋势。换句话说，立法者应该明白：最好的协定立法其实并不是自我利益的最大化，因为缺乏正义性的支撑，这种协定立法并不会产生长久的约束力；最好的立法与正义性的趋势保持一致。从人民的福祉出发考虑法律规则的制定，这才是立法者真正应重视的。

本书正是为了解决以上的理论、实践和立法问题而写作的。研究税收协定的正义性对于学术发展有着重要意义。我国对于税收协定的研究甚少，并且国内外对于税收协定注重实证性研究，缺乏理论深度，本书的研究把税收协定的宗旨及税收协定的原则、制度和机制等与正义性相联系，是对税收协定的"应然"研究，有着重要的创新意义。

研究税收协定的正义性还将促进法制建设。税收协定是一项立法成果，各国对于税收协定的遵从度可以反映和评价一国的法制建设的得失优劣。对于税收协定的宗旨、原则、制度和机制，从正义的理念层面加以把握，有效地增强了协定的"合理性"和"合法性"。法律要变成被人们自觉遵从的、内心的律法，必须是合乎正义理念的，因此，这种探究将提高税收协定的遵从度，从而使协定所缔结的宗旨和目标得到实现。

对于我国政府而言，需要体察税收协定条款是否体现了正义性，以及哪些地方仍有欠缺，这样我们在签订税收协定时就可以有的放矢并力图改进。虽然我国在目前的发展阶段有着自身的利益诉求，但我们仍然不可贪图短期利益而不做长远的考虑。此外，在税收协定的具体适用中，我们也可以尝试把正义性作为解决问题的一个标准和尺度。

对于税收协定的正义性的研究还将推动社会进步。社会进步的重要因素是美德的广泛施行，美德善行的施行才能使人心依附，人心依附于正义等美德上才能真正带来经济的发展和文化的昌盛。目前世界上税收协定的数量众多，税收协定的正义性的研究可以产生相当大的推动社会进步的影响力。对于税收协定的正义性的研究的效果其实并不会局限于税收协定领域，它会产生不可避免的"溢出"效应，对其他协定产生一定影响。

应该重视税收协定的正义性这个问题的研究，并将其引向深入，这是不可回避的重大课题。要坚持税收协定中的正义性，尽量将其体现出来。在修订税收协定时，要注意把握对正义性的体现。今后应重视对于多边税收协定的研究，因为它是实现税收协定的宗旨和目的的更大机遇，并能够体现另一个层面的正义性——"合作正义"的要求。

二、研究成果

近几年来，我国仅出版了税收协定有关方面的个别著作和译著，如美国学者罗伊·罗哈吉的《国际税收基础》等。我国对于税收协定的研究还处于起步阶段，在税收协定方面的研究稀少而薄弱，这个领域还是一片贫瘠的土地，未得到开垦和灌溉。

在国外，税收协定的研究取得了一定成果。税收协定早在第一次世界大战之前就已经存在，到今天已历经一个世纪的发展。随着经济贸易往来的激增，西方发达国家在 20 世纪四五十年代已经有关于税收协定的大量研究成果问世。不过，其中大部分都属于实证研究，很少有从理论方面进行阐述、剖析的著述。《经合组织范本》的注释版本几乎年年更新，更是推动着学界有关双边税收协定的探讨和辩论。[①]

荷兰著名的国际税法教授基斯·万·拉德（Kees van Raad）根据其博士论文写作出版的《国际税法的非歧视性》（1986）是关于税收协定的非歧视性条款的著名著作。非歧视性条款直指公平与正义，但没有涉及税收协定其他条款的正义性。

---

① 美国相对来说并不经常发布国际税法学者对有关税收协定问题的讨论，但由于其强大的经济地位和文化霸权地位，因此有些美国学者的税收协定方面的著作有很大的影响力。

奥地利著名的国际税法教授迈克尔·郎教授主编的《税收协定的解释》(2001) 等书中有关于税收协定的具体条款, 如协定解释的研究, 然而这些著作主要是实证性研究, 是对各国税收协定解释制度的"实然"描述, 并没有进行更深层次的研究。

吉拉德·T. K. 穆瑟主编的《欧洲税收的平等性原则》(1999) 对欧洲国际税收中的平等性原则进行了相关阐述。

鲁特塞尔·西尔韦斯特、雷·J. 玛莎的论著《国际法中的税收管辖问题》(1989) 是关于税收管辖权分配的著作。税收管辖权的分配与正义有着密切的联系, 然而该书作者并没有从这个角度加以挖掘和阐述。

其他相关的书还有彼得·H. J. 爱塞尔斯等学者的论著, 如《税收协定中的反滥用条款与欧共体法律的兼容性》(1998) 等。

在论文方面, 著名学者约翰·F. 艾弗里·琼斯、克劳斯·沃格尔、罗伯特·格林、艾瑞克·C. C. M. 科迈伦、迈克尔·郎、基斯·万·拉德等都有涉及税收协定不同方面的论文发表。同样的, 对于税收协定理论层面的讨论是较为罕见的, 而对于正义性的讨论更难见到。

由此可以看出, 现有的研究文献大部分注重实证分析, 缺乏理论深度, 这不能不说是税收协定研究中的一个缺憾。

本书要解决的问题是当前各国之间缔结的双边税收协定是否体现了正义性的要求, 本书有如下方面的研究创新。

其一, 将正义理念引入税收协定的研究当中, 填补了这个领域的空白。

其二, 对于税收协定与正义性的关系进行体系化研究, 从理念、原则、制度与机制、解释与执行等不同的方面进行了系统论述。

其三, 针对正义理论, 本书作者提出新的观点: 对于正义理念提出了对其"分"的层面的认识和"合"的层面的认识; 从公平层面和自由层面对正义理念进行论证；提出双边税收协定的理论基础是建立在正义"分"的层面的理解上，即强调分配的均衡、适度等；提出国际社会——包括国际税收秩序——所适用的正义原则；提出多边税收协定的理论基础是世界主义哲学观念，它反映了正义理念在新的历史时代的发展，同时它也体现了团结（"合"）的概念。

从理论的层面讲，本书作者感兴趣的是，如何赋予正义以新的、独特的视角。当代学者应该对新的历史时期中的正义观给出自己的解读，前人的研究著述为我们奠定了优越的基础，但如果无法在此基础上往前推进，就无异于故步自封，拾人牙慧。本书作者以此警示自己，努力进行理论研究创新。正义对于税收协定意味着什么？需要了解的是，税收协定条款也经历了一个演变的过程，那么这些条款如何体现了正义性，以及税收协定的演变形式本身是否以及怎样体现了正义性，都是令作者无比感兴趣的理论问题。这个领域的研究还是一片空白，犹如在无边的蓝色海洋中畅游，这种空缺或许更给了作者呼吸的自由。

三、研究方法和写作方法

从研究对象和领域出发，本书运用的研究方法主要是政治学研究方法、历史研究方法和比较研究方法。

政治学研究方法。政治学研究方法指采纳政治学的理论成果和研究手段等。正义的命题是很多学科的学者们都热切关注的一个命题。政治学与正义理论有着显而易见的密切关系。作者在写作过程中应用了政治学的理论研究成果。譬如，亚里士多德的政治理论奠定了后世政治学研究的诸多基础。本书的正义理念也参考了亚里士多德的正义观点。就正义理念而言，它还借鉴了罗尔斯在《正义论》中阐述的观点以及其他学者的观点，并在此基础上进行了发展。除此之外，对于税收协定的产生背景等也使用了政治学的一些理论观念加以阐释。作者注意到了在法学领域采用政治学方法的法学要求。

历史研究方法。狭义的历史是指记载和解释人类社会发展的具体过程及其规律性；而广义的历史泛指一切事物的发展过程。我们这里采纳的是其广义的含义。历史方法包括文献分析方法、考据方法等。在写作本书的过程中，作者对税收协定的各种原则、制度等追根溯源，厘清其发展脉络，在对原则、制度和机制等有了确切把握的基础上，再一一探究它们各自与正义性的关系。

比较研究方法。古罗马著名学者塔西陀曾说："要想认识自己，就要把自己同别人进行比较。"那么什么叫比较研究方法呢？比较研究方法就是对物与物之间和人与人之间的相似性或相异程度的研究与判断。在写作本书的过程中，作者主要对《经合组织范本》和《联合国范本》进行比较，以发现其相同和相异之处。由于这两种范本是世界上绝大多数税收协定的签订基础，因此把握了这两种范本也就了解了税收协定的概况。另外对有的国家在不同时期签订的税收协定也进行了一定比较，研究它们是否符合谈判时所参照的范本。

本书写作的总体思路：首先，对税收协定理念的正义性进行了阐述；其次，分别从税收协定的原则、制度和机制、解释和执行三个方面来探讨税收协定的正义性；最后，提出多边税收协定将是税收协定的发展趋势。分述如下：

第一章，导论。主要指出了本书研究的目的、意义、研究成果、研究方法及写作方法。

第二章，税收协定中的正义理念。首先提出对于正义理论的创新性思考，提出正义可以分为"分"配正义和"合"作正义。然后以正义与公平和自由的关系为总体维度，从罗尔斯的正义原则的基础上提出在国际社会适用的正义原则。国际社会适用的正义原则可以用作评判税收协定正义性的原则。该部分还进一步论述了税收协定的宗旨及《联合国范本》与正义理念的相契合之处。

第三章，税收协定原则的正义性。本章论述了有关税收协定中的原则与正义性的关系。它尝试证明税收协定所遵循的一系列原则，即税收管辖权分配原则、非歧视性原则、禁止协定滥用原则，这些原则都体现了正义性的理念。

来源地和居民国对跨国所得的征税权的冲突产生了双重征税。税收管辖权在居民国和来源国的分配分别从不同的角度体现了正义性的要求。比较而言，来源地原则更体现了正义原则中的差别性原则，即利益向弱小的、欠发达的发展中国家倾斜，因此来源地原则应是税收协定今后所倾向的原则。

非歧视性原则是对于平等原则的向往，即对个体不以国籍、居所等作为区别对待的理由。平等性原则直接是正义的体现。虽然税收协定中非歧视性条款在实际适用中还存在种种不足，但其中的正义性无法否认。

禁止协定滥用原则是诚实信用的要求（它同时也是对于分配正义的坚持）。本书论述了税收协定中的反滥用原则的变化过程，这个过程是令该原则更趋近正义性的过程。

第四章，税收协定制度和机制的正义性。本章讨论的是税收协定中的制度和机制与正义性的问题。关于税收协定的制度，本书涉及的内容有《经合组织范本》第3(2)条、税收协定中的信息交换制度；关于机制，本书讨论了税收协定中的共同协商机制（也被称为有权机关机制）。

《经合组织范本》第3(2)条是连接税收协定与国内税法的卓越创造，它使各国在税收协定的适用上处于平等的地位（它们都可以根据本国税法的有关定义来解释税收协定中的字词，除非情境另有规定）。《经合组织范本》第3(2)条保证了各国税法在税收协定的框架下得以独立适用，体现了正义性。

信息交换制度的存在是由于在全球化的世界中税务当局对于跨国税收信息有着巨大的渴求。凭借跨国税收信息它们才可以尽量防止或减少巨额的税款流失，才可以解决国内财政支出对于税收的需求。该条款其实是尝试着在加强信息交换与纳税人权利保护之间求得一种平衡，这也是在寻求打击逃避税收的问题与保护纳税人自由权之间的平衡，两者都是正义性的要求。

在讨论共同协商程序的正义性时，本书分别讨论了共同协商机制的产生和博弈性质。虽然这种机制有着种种弱点，但它在很多方面都体现了正义性。仲裁机制的引进将是对共同协商机制的很大改进，仲裁机制的正义性令它充满吸引力。

第五章，税收协定的解释与执行。本章讨论了税收协定的解释和执行与正义性的关系。税收协定的解释从某种意义上讲是一门艺术。本书介绍了《维也纳条约法公约》中的解释方法及其正义性，《经合组织范本解释》在协定解释中的角色及其与正义性的关系，以及共同解释与正义性的关系。

实践中经常有税收协定被违反的现象。税收协定的执行可以被看作一项公共物品，本书所指的执行将产生广泛的威慑力，从而促进国际税收秩序的形成。本书提供了加强税收协定的执行的三种途径。

第六章，多边税收协定——税收协定的发展趋势。本章指出了关于缔结多边税收协定的前景展望。多边税收协定迎合了国际税收形式发展的需要，相比双边税收协定是一种进步。本书认为世界主义是多边税收协定的伦理基础，即一种从关注自身利益转向关注他人、集体利益的情怀。

第七章，结论。本章是对前面几章内容的总结，同时指出了以后的研究方向。

第二章 税收协定中的正义理念

作为人类社会的基本美德和崇高理想，正义对人类社会的存在和世代繁衍意义重大。如果忽略了对正义之法的关心，个体的联合将无法存续。但同时正义的理念也受到最为广泛的争论。不同时代的哲学家面临不同的政治环境和社会环境，对正义进行着不同的思考，并赋予它不同含义。正是正义复杂多变的面孔激起了笔者浓厚的兴趣。本书在古今思想家对正义的阐述的基础上，对正义理念进行了剖析，并对税收协定的宗旨与正义性的关系进行了探讨。

第一节 正义的目的——联合

由正义的概念可以解析出"分"和"合"的释义，同时在更高的层面上，这两者可以统一在"和"的概念之中。分配正义是为了取得合作，而合作必须依赖"分配正义"。两者都是为了达到一种"和谐""和睦""联合"的整体状态。可以说，正义是"分"与"合"的辩证统一体，两者统一在"和"之下。不管是"分配正义"还是"合作正义"，都是为了实现联合的目的。唯有贯彻"分配正义"及"合作正义"才能实现联合、团结的目标。

一、"分"的正义

对于正义的看法可谓"仁者见仁、智者见智"。例如，有的学者认为正义包括"分配正义""交换正义"和"矫正正义"，或者正义包括"自然正义"和"法律正义"；还有些学者认为正义可分为"实质正义"和"程序正义"，等等。本书作者认为正义之魂是"分配正义"和"合作正义"的统一体，即"分"与"合"的结合。

公平的规则有分有合，或者说，当分则分、当合则合，分中有合、合中有分。"分"指的是分配上的公道，包括对权利、自由等的分配。作为生物体繁衍和生存的必要，人类保存了自私的基因。人人各怀私心，难以为了他人而舍弃自身的利益。假设人们在权利或利益要求上各持己见、互不相让，正义作为一种德行的特性就显现出来。在一个圣人群体中并不存在有关正义的争论，因为圣人无私地为着一个目的——神的荣耀而奋进，为了这个共同的目的他们很容易在权利问题上达成一致。在社会中，当一方（可以是个人、团体或国家）向另一方索取更多的权利并且坚持自身的利益得到优先考虑时，正义的问题就出现了。

正义意味着恰当地衡量各方的利益，并确立判断标准。在此，人们没有通过立约推举出一个主导者进行裁判，他们也没有像博弈理论所描述的那样采取单个策略，他们所做的是承认某些衡量其行为的原则的存在。他们认同的判断标准只能是一种公平的标准，即对所有人的利益持不偏不倚的公正态度。

要求公平的分配是为了求得各人私心的满足，人有利己之心，这实属天性，同时也是物竞天择过程中人们必须发展的生存本能。但如果人人为了满足私利而陷入无理性的混战中，那么将出现普遍性的恐惧和不安，其结果是每个人的利益都得不到满足。因此唯有分配的公平才能得到每个人的认可，才能使社会合作成为可能。

"分配正义"是由亚里士多德首先提出来的。亚里士多德对正义理论进行过系统、精辟的论证。他在《尼各马科伦理学》第五卷中指出，在各种德行中，公正是最主要的，"公正集一切德行之大成"。为了解决财富、权利分配中的公平问题，亚里士多德把正义划分为"分配正义"和"矫正正义"。分配正义提供了在政治体中分配物资和荣誉的原则，即平等的人取得平等的份额，不平等的人取得不平等的份额。

需要清楚地指出，分配正义并不意味着平等的分配。柏拉图首先指出了正义是平等（平均主义）的错误所在。在《理想国》第八章中，他指出，毫无分别地把不同的人或物视为平等之人或物实是一种缺陷。柏拉图已经认识到平等的概念本身就是模棱两可的。在《乔治亚篇》中他提出对神和人类都同样适用的几何平等。亚里士多德在《尼各马科伦理学》中指出，柏拉图所说的是两个图形的内角相等但是边长不相等的情况。

亚里士多德在阐述分配正义时指出，每个人的份额应当与其应得的成比例关系，公平的份额并不是平等的份额。这条原则可以用简洁、精确而确实的数学公式来表达。分配正义是比例性的。他认为，比值相等是真正的正义，其含义在于给予道德上的优秀者以较多的报酬，而对道德上的劣等者分配给较少的报酬。在《尼各马科伦理学》第五章中，他还主张每个案例都受具体情形的影响，为了得到正义我们必须在每个案例中将所有的相关因素都考虑进去。这其实也说明了不平等的份额常常有存在的可能性，因为具体因素常常是不一样的。

本书对"矫正正义"不作单独讨论。作者以为，所谓矫正正义其实是为了矫正分配中的不公，以实现原本的公平分配的目的，所以可以将矫正正义归入分配正义中去讨论。

作者以为，西方传统中强调"分"的概念。西方哲学家罗尔斯提出了"正义的两个原则"，作为衡量社会制度正义与否的标准。[①] 罗尔斯强调了平等与不平等因素对公平的社会制度建构的影响。在公平的概念中考究平等与否的传统可以追溯到柏拉图和亚里士多德。亚里士多德提出了"比例平等"的概念，他在阐述分配正义时指出每个人所得到的份额应当与其应得形成一定比例关系。从另一个角度看，亚里士多德看待事物的方式是在强调"分"（等分、均分）对于公平概念的意义。西方哲学、政治学和伦理学等延续了亚里士多德的理念，主要透过"分"这面镜子来理解公平的含义。

二、"合"的正义

"合"指的是团结和谐、井然有序、礼仪蔚然的社会图景。在进入新的历史阶段时强调的不是分配上的正义，唯有团结与整合方能激发出更大的力量，推动人类文明向更高的层次发展。

从政治学的角度看，社会是自由和平等的个人之间的一个公平的合作系统。合作需要有公平的条件，每个参与者会理性地接受这些条件。公平合作条件指涉互惠性或共同性，所有参加合作和按照规则和程序行事的人都以某种相同的方式受益。

人除了利己之心其实还存有利他之心。正是利他之心使人可以免于无休止的计较和欺诈，在融入一个共同体之后在求得整体福利提升的过程中自我获得新的身份，灵魂得到升华，并且自我和他人的利益同时得到满足，这是正义中"合"的含义。以"分"的准则还是"合"的准则来衡量正义与一个社会的文化传统有关，如中国文化高

---

① 本章后面的部分有对罗尔斯正义原则的进一步讨论。

度重视"和谐"的意义，也与时代要求有关。在当今社会，国与国之间的经济关系错综复杂，相互之间高度依赖，另外很多国际性的问题需要各国共同携手来解决，如反恐怖主义的问题、环境问题、能源问题等。因此，文明的繁荣发展更需要"合"的理念，团结合力可以创造出文明发展的一个又一个奇迹。而历经数不清的战乱和纷争之后，人类意识也逐渐觉醒，提升至新的高度，人类整体逐渐从青春期过渡，迈向成熟期。国界变得可以跨越，甚至可以消弭于无形，人们认识到彼此的息息相关，认识到彼此之间存有的共性，认识到人们如同树之花、同枝之叶，守候着人类共同的家园。这一切都使团结成为可能。

（一）古希腊的"和谐"正义观

在古希腊，"正义"一词的最基本含义是秩序。古希腊最早思考社会政治问题的思想家是"七贤"，他们主张温和统治，强调"中庸"，反对贫富悬殊。他们认为社会各阶级要保持自己的界限，不要过分；如果人逾越了符合其本性的权利界限，正义便会通过惩罚过度行为恢复原有的平衡。梭伦也认为，实现正义的社会就是要调和不同利益集团的矛盾，寻求双方的平衡点。这种调和折中精神成为后来希腊占统治地位的政治伦理思想发展的起源。

柏拉图的《理想国》奠定了西方正义学说的基础。柏拉图认为，自我和谐在于让一个人灵魂里的理智、激情与欲望三部分达到平衡、和谐的状态；而所谓城邦正义，就是每个人根据上天赋予自己的品质，做好自己分内的工作。他说："当城邦里的三种自然的人各做各的事时，城邦被认为是正义的。"[①] 所有的人都干自己的事情而不互相

---

① 柏拉图.理想国［M］.郭斌和，张竹明，译.北京：商务印书馆，1986：157.

干涉，也就是说各起各的天然作用，不起别人的作用，这种正确的分工乃是正义的影子。① 这就是城邦正义的原则。他指出，只有正义的城邦才是和谐与幸福的。

古希腊哲学传统对正义极为珍视、"崇敬"，认为它是"心灵的德行"②，其地位崇高，位于"德行之首"③。对个人而言，正义可以帮助人实现心灵的和谐、平衡，可以受理智的主宰，从而摆脱欲望和激情的追逐和猛攻。此外，个人可以借着对"中道"的追求获得许多其他德行。对城邦而言，当三种自然的人"各做各的工作"时，城邦也因此获得了"节制、勇敢和智慧"等德行。正义意味着摆脱偏执、极端，求其中间状态，这种平衡的状态与美、善等都紧密相关。④ 因此，实现正义无疑是一个城邦所向往和追求的目标。作者认为，古希腊哲学家是从最本质的角度把握正义的概念，即在事物的组成中（如心灵和城邦等），各组成部分有适当比例、协调的配合，不偏爱某一方，也不摒弃某一方，而对正义的追求将通向至美与至善的境界。

（二）儒家学说的"中庸"正义观

在儒家文化中，"中"是最重要的德。"中"与"正"同义，"义"乃是合宜、适合的意思。心得其宜，行得其中，表里都做到恰到好处，是"义"的最高准则。所以，"正义"与"中正""中庸"等都是同义词。中国儒家文化中所尊崇的"中庸之道"（"执中之道"）强调"中道"，指的就是公道、正义。在《中庸》中，中与性、命、天被联系在一起。"喜怒哀乐之未发，谓之中；发而皆中节，谓之和。中也者，天下之大本也；和也者，天下之达道也。致中和，天地位焉，万

---

① 柏拉图. 理想国［M］. 郭斌和，张竹明，译. 北京：商务印书馆，1986：169.
② 同①，42.
③ 同①，130.
④ 例如，美学上的黄金分割点就是一种平衡状态，它是视觉上取得最佳效果的分割点。

物育焉。"孔子赋予"中和"的地位和作用在现代哲学术语中只有"正义"这种美德可以与之相匹配。

那么怎样才能做到"公道",符合"中道"呢？根据儒家思想，正义并不一味强调等级、平等或者差异。它所注重的是"和"而不是"分"对于塑造正义的作用。荀子强调人、社会、自然三者之间的和谐，把"群居和一"看作"至高之善"。如荀子指出，"凡古今天下之所谓善者，正理平治也；所谓恶者，偏险悖乱也。是善恶之分也已"[①]（《荀子·性恶》）。

儒家学说极为重视"礼"在建设公平社会中的调和作用。孔子说："夫礼，所以制中也。"（《礼记·仲尼燕居》）也就是说，通过遵循礼来达到"中和""中正"的目的。"礼之用，和为贵。"（《论语·学而》）人与社会的和谐，在于社会中的各色人等各安其分、各尽其责，如周敦颐所述："君君臣臣，父父子子，兄兄弟弟，夫夫妇妇，万物各得其理，然后和。"（《通书·礼乐》）这里，中国哲学中关于正义的观念与古希腊思想不谋而合。[②] 不过二者还是有所区别的。孔子的中庸之道尊崇国家的礼法，要求个人服从社会整体；而亚里士多德强调在社会行为中符合中道的同时，对个体意志自由有着充分的尊重。中国的"中庸"思想，更多地强调日常人伦的中节持中，具有现实和谐感；西方的"中道"更多地强调本体论中美德的形而上思考。

[①] 虽然儒家学说有时也强调"分"的概念，如荀子提出了"维齐非齐"（《尚书》）的正义观，即力求不平等中的平等，在财产和权力上实现有差别的平衡。不过总体而言，它更强调的是"和"的观念。

[②] 如柏拉图认为，所谓城邦正义，就是城邦里的三种人各干各的事而不干涉别人分内的事，这样城邦才能达到和谐、均衡、理性的状态，而不至于遭到欲望的围攻，成为一个"发烧"的城市。

三、正义的功效

很多人文学科都在探讨正义的问题，都在毫不气馁地、不间断地尝试刺破它那神秘的面纱，那么正义为什么会激发学者们如此之大的兴趣呢，正义究竟有何功效呢？

亚里士多德认为正义与其他美德有着本质的不同。美德是幸福的条件，主要反映了人们对自身善的关心；正义是一种有益于他人的实践美德，一种需要无视甚至有时需要放弃自身善的美德——这无异于强人所难。无怪乎世俗的智慧认为正义比清晨或夜晚的星辰更令人惊异。

尽管如此，人们对于正义以及正义理论的需求应该得到满足，因为这是基于"必要或自然的"人类激情的需求。其实正是因为正义是一种有益于他人的美德，所以它才比星辰更加璀璨动人。

正义的突出作用在于它能够将人们紧密地联系在一起，成为在一个共同体中密切合作的伙伴。亚里士多德认为正义与友谊关乎同一件事情：友情（正义）将城邦凝结成一个整体；朋友之间也许不需要正义，但正义却不能没有友谊。友谊是一种美德，或者说与美德有关。它始于善意，依靠相互的热爱或激情来维系。善良的人们之间的友谊是愉悦的和有用的，他们的联合为政治共同体带来了福祉。由于他们的联合是自我选择的结果，出乎本身的性情取向与激情，这种联合无须制定法律和缔结条约便能取得稳定性和长久性。

亚里士多德认为完美的友谊应建立在美德的基础上，是最优越的人类联合形式。与之相比较，其他所有的人类联合形式都相形失色，显出自身的缺陷。城邦如果不能有力地维护、凝固这种友谊，就将趋于衰朽。

然而，亚里士多德所构想的友谊作为人类联合形式只是理想的设计，在现实生活中并不存在。在现实社会中人们相互之间并非总是朋友，大部分情况下是陌生人面对陌生人。这样一种陌生人相联系的社会关系既不同于用亲情来维系的亲属关系，也不同于以友谊为纽带的朋友关系。正如德国著名社会学家滕尼斯所言，人们走进社会就如同走进他乡异国。如果说"共同体"的建构是近现代思想家们魂牵梦萦的主题，那么"人的联合"就是这一主题中的核心内容。没有联合就不会有作为人的集合的社会共同体的存在，而没有合乎人性的联合方式，共同体即使能够形成也必然会分崩离析。在这种"合乎人性的联合方式"中，利益是连接人们的纽带，这时社会的凝聚力就无法单凭炽热的友情来调节了，而是依靠对所有成员都适用的同一化标准——法律来调整。本着体现正义的精神，法律多通过设定契约来规范人与人之间的合作关系。友谊是朋友之间的感情，强调的是友爱，均衡地分配权利与义务就会与友爱本身相抵触。但在一个由陌生人组成的社会中，正义作为公平分配利益的工具受到所有人的青睐。正义的作用是恰当地分配人们对之都有欲求的事物，从而激发人们之间相互的善意——这种善意的情感接近于友谊。由于每个人的利益和要求都得到考虑，人们可以相互之间报有友善的情感，不致因为分配不公而满怀愤恨、不平之意。在融洽祥和的氛围中，人们增进了彼此之间的感情，共同体也增强了其凝聚力。

正义有不同的侧面，它的显现方式也多种多样。由于非正式的、直觉性的正义内在固有的灵活性，有时我们需要用较为清晰，但也更为严厉的法律规则来代替直觉性的正义，我们对于合法性的承诺应该超越所有其他考虑。尽管如此，合法性和正义毕竟是两个概念，在现实生活中我们常常用前者取代后者，但这并不意味着前者与后者是等价的关系。尽管法律具有无可置疑的合法性，但法律并不一定是正义的，两者之间是否有一致性还需我们加以检验。

对于国际契约同样如此。国际契约需要体现正义。国际条约和协定通常通过平等分配权利、义务和规定制裁手段等方式来维护正义。如果我们订立条约或协定来保护各方利益，保障我们既不伤害他人，也不被他人伤害，那么这些条约和协定就必须详细地规定谁、在何时、在什么情况下、被允许做何事——法律制度创设了权利。而一旦权利被创设出来，正义就要求我们对它们表示尊敬——法律之躯被覆上了正义之魔。

正义的条约和协定建立在各方平等的基础上，显示了对各缔约国、各方权利的充分尊重，从而也将得到各缔约国的尊重和遵从。只有正义的条约和协定才能长久发挥它的约束力。正义的条约和协定将缔约国各方紧密地连接到一起，组成一个拥有共同原则和规范的共同体。

第二节　国际社会所适用的正义标准

罗尔斯在《正义论》中提出了适用于自由民主社会的正义两个原则，然而遗憾的是他没有把这两个原则在国际社会中贯彻到底。本书尝试在罗尔斯的基础上提出适用于国际社会的正义标准，并以这种标准来检查税收协定的正义性，首先检验的是理念部分，即税收协定的宗旨。

一、正义的公平层面：罗尔斯的正义理念

美国政治学家罗尔斯是正义理论研究的集大成者，他认为在民主制度下正义的本质含义是公平。罗尔斯视正义为社会机构或社会行为的一种德行，认为人类社会中的不平等决定了正义原则的价值。罗尔

斯关心的是社会基本结构中权利义务安排的正义。正义原则的提出旨在建立一个公平分配公民的基本权利和义务，公平分配通过社会合作产生的利益和负担的社会制度。正义原则是在原始状态（original position）的"无知之幕"后被选择的。在"原始状态"中，没有人知道自己在社会中所处的地位，也没有人知道他先天的资质、能力、智力、体力等方面的运气，甚至也假定他们不知道自己持有何种善的观念或具有何种特殊的心理倾向。①

关于如何在社会结构中实现平等和自由，西方民主传统的各种学说有着很大的分歧。洛克主张对于"现代自由"，如思想自由和良心自由、有关个人和财产的基本权利、法治等，给予更大的关注。而卢梭更重视所谓的"古典自由"，如平等的政治自由和公共生活等。罗尔斯所提出的正义原则调和了这两种传统主张，使基本社会机构得以实现自由和平等价值。具有道德人格的公民在受正义原则支配的社会机构中参与社会合作，公平地获取一定的利益。

这两条正义原则是②：一是每个人都有平等的权利去拥有可以与别人的类似自由权并存的最广泛的自由权；二是在下面两种情况下社会和经济的不平等是被允许的，所有人必须有平等的机会取得这些职位，它们必须有助于社会中地位最不利者取得最大利益。③

罗尔斯第一个关于平等自由的原则其实是康德所传承下来的。公平是一项合意，由"我们"与"他们"（指与我们意见不同的人）通过运用理性最终能够达成的合意。我们可以设想，在"无知之幕"的条件下，能够达成的合意只能是所有的人，无论在地位、出身、才能等方面的分配如何，都拥有平等的自由权。第二个原则强调了对社会

① 罗尔斯．正义论 [M]．何怀宏，译．北京：中国社会科学出版社，1988：150－151．
② 这里假设公民是理性的自由人，他们是合作的主体，并且受到"无知之幕"的遮蔽，以保证结果的公正性。
③ 同①，8．

经济地位不同的人差别对待的立场。我们之所以认为罗尔斯的正义论是公平的正义论，是因为其理论在强调社会成员享有平等的自由和权利外，还关心社会中受惠最少者的处境，要求社会经济利益的分配不能使那些受惠最少者的处境更加恶化。两条原则并非一项全新的创造，它们是对一些人们所熟知的直觉性原则的重新组织，从而使正义理念的阐述获得新的形态。

罗尔斯并没有简单地认为正义是平等或不平等，而是在不同的条件下来谈论平等和不平等的适用。关于社会制度的设计，在自由权的享有这个问题上，人们应拥有平等的自由权，这一点没有任何躲闪或谈判的余地。然而，公平性必须考虑弱者的利益。如果社会制度忽视了处于社会最底层的人群，那么该社会制度的设计不会是稳固、牢靠的，而为了社会的稳定发展必须重视位于金字塔结构的底部人群的权益的保障。如果这部分人在社会竞争的起始阶段就已经丧失了优势，那么社会有必要进行一定的干预和符合正义原则的调整。社会存在的目的不是为了让"富者恒富、穷者恒穷"，而是让所有的人有机会参与平等竞争。而为了达到这一点，有必要在有的时候让社会福利更多地向这部分人倾斜。

这种理论不仅说明了正义具有道德的含义，更重要的是它强调了正义在根本上是一个公平的概念。① 公平的概念（如公平交易、公平谈判、公平游戏等之中的公平）涉及的是进行合作或者竞争的人们相互之间的权利问题。当自由的、相互之间没有权利隶属关系的人们参与共同活动时，他们需要决定参加该活动的利益获取和责任承担的规则。假如没有人觉得自己或者别人被占了便宜，或者被迫屈服于不合理的索取，那么该活动就是公平的。其实，每个人心中都有一杆公平之秤，即什么

---

① 值得注意的是，罗尔斯的公平理论允许不平等的存在，只要这种不平等是为了弱势群体的最大获利。无论是古代还是现代，都存在着以一致性来定义正义的倾向，然而公平并非必然意味着分配上的平等或平均。

能构成对每个人都合理、合法的索求。所以罗尔斯所设计的在"无知之幕"下的状态是明智的设计,的确应当由自由的、没有受到权力干涉的人们来制定原则,它保证了一个真正的共同体存在的可能性。参与公平活动的人们彼此之间可以坦然相视,并通过参照公平原则来支持各自的立场。公平性允许共同体内的人们减少纷争,并使他们获得优雅的独立性和不断进步的可能,共同体也因此获得了持久不衰的凝聚力。

罗尔斯认为,如同其他的道德义务一样,公平参与意味着在某些情形下对自我利益的限制。在具体的情境中,公平参与义务常常会跨越个人的某些利益界限,强迫个人放弃一些好处。对限制自我利益的承认,它表现在公平的举动当中或者当一个人愿意做出某种补偿等,是参与者彼此认可的一种行为形式。正如承认苦难存在意味着要去帮助那些处于困苦之中的人,接受公平参与义务是认可他人是与自己有着相似利益和情感之人的标准之一。对他人痛苦的承认是同情心的表现;这种朴素的、自然的同情之心是其他一些道德行为的基础。同样的,某项共同活动的参与者接受公平规则是每个人认可其他人的期望和利益的反映。当追逐自我利益的理性个体被施以道德限制时,有关正义原则的问题就出现了。

一个人如果要恰如其分地表现出同情心需要健全的自尊心。在《正义论》中,罗尔斯把自尊定义为基本善,比权利、自由、机会、权力、收入和财富都更为重要。① 在罗尔斯的理论中,一个人通过他的手段

---

① 罗尔斯认为自尊包括两个方面:(1)它包括了一个人对于自身价值的感知,即他能够确信他对于自身善的构想,以及他的生活计划是值得执行的;(2)他对于自身能力的信心,能够在自身能力的限度内实现自己的设想。自尊是罗尔斯式正义中社会性(communitarian)的一面,即一个人的自我价值感取决于社会中其他人的确证。罗尔斯认为,"我们的自尊通常取决于别人对我们的尊重。除非我们感觉到我们的努力受到别人的嘉许和赞誉,我们很难确信我们的目标是值得推进的"。因此,自尊有互惠的因素,即一个人的自我价值感需要依靠别人的反馈得到肯定是有利于双方的。为了让公民们彼此相互尊重,他们的计划必须是"理性的和互补的"。参见 Rawls John. A Theory of Justic [M]. Cambridge: Belknap Press, 1971: 178—179, 441.

实现目的便能够获得自尊。而为了使公民能够实现自己的人生设计，需要保证社会制度对于权利和自由的分配是公平的。罗尔斯认为平等的权利和自由与自尊有着密切联系，而社会经济地位的不平等并不削弱人的自尊。"在一个正义的社会里自尊的基础不是人们的收入份额，而是被认可的基本权利和自由的分配。如果这种分配是平等的，每个人在社会的公共事务的讨论中就享有同样的、受到保障的资格。没有人在宪法对于平等权的保障之外寻求进一步的政治手段来维护这种资格。"① 一旦丧失了自尊心，他们将无法对他人怀有同情之心，他们无法参与公平规则的制定过程也无法信任规则的公平性。而当公民都有了自尊心时，就能感知并欣赏公平的社会分配原则，从而促进社会合作和整合。

二、正义的自由层面（作为自由的正义）

除了宏观层面，我们还关心自由在微观层面（也就是个体层面）与正义的关联性。法律秩序的最高原则是自由。自由权不仅是与其他权利并列的一种权利，如洛克的三大权利——生命、自由和财产，它还构成整个权利秩序的基本原则。自由在权利的概念框架中占据中心位置，它的地位与道德概念框架中道德自主性的地位相类似。为了强调这一点，康德将自由界定为每个人"出生时所伴随的权利"。他声称自由（不受另一个人选择的限制）可以与另一个人法律之下的自由共存，是属于每一个人的唯一的自然权利。

康德认为自由是唯一的天生的权利。每当一个人的平等自由被侵犯时，人类的尊严就受到了侵犯。在这种情形下，人们有义务建立起

---

① Rawls John. A Theory of Justic [M]. Cambridge：Belknap Press，1971：544.

法律的正义秩序，确保每个人对于平等自由的权利。但是自由除非与平等相结合，否则就不能成为法律秩序的普适原则。更确切地说，平等不是一种与自由原则相并列的独立原则，而是承认每一个人的自由的前提。自由和平等不是需要彼此平衡的两个不同的原则；它们是同一个原则的两个相互关联的方面。封建时代的自由只是少数人的特权，康德的自由概念从一开始就与平等相联系，并成为每个人唯一的"出生权利"。

康德对于正义与自由的关系做了深刻论述。康德把权利（正义）定义为"任何一个行为，如果它本身是正确的，或者它依据的准则是正确的，那么，这个行为根据一条普遍法则，能够在行为上和每一个人的意志自由同时并存"①。由于正义追求的是不同意志之间高度协调的状态，意志本身又是自由的②，因此不同个体的意志的共存、和谐化状态是自由的普遍化，也可以说是普遍化的自由。

争取自由是个体的一种道德义务。在康德看来，对义务的觉察开启了人们对于人类自由和权利的规范概念的理解之门。启蒙就是人类从自我招致的不成熟中解脱出来。"自我招致的不成熟"是由对他人引导的过度依赖造成的。不成熟几乎成了人的"第二天性"，这种不成熟是人施加于自身的，是由于人的"懒惰和怯懦"而引起的，它并非自然障碍的产物。我们必须摆脱这种依赖状态，不断接近启蒙和解放，这是我们的义务，也是我们作为"人所具有的神圣权利"。

一般说来，自由是道德行为的必要前提。一个行为要具备道德上的价值，它必须基于行为者内在的自由意志。对于康德来说，道德意

---

① 李梅. 权利与正义：康德政治哲学研究 [M]. 北京：社会科学文献出版社，2002：40.
② 康德认为自由意本身是"立法机关"，为自己的原则立法，并且只受自己制定的法律的约束。

志的效力是无条件的。康德声称，世界上没有无条件的善，除了善的意志。道德、义务和善不是衡量自由意志是善或恶的外在标准，恰好相反，自由意志本身成了衡量一切道德、义务和善是真或假的内在绝对标准。

意志为自己的原则立法，并使自己遵守这些自我制定的原则。这就是康德的"自主"的概念。康德认为，道德自主性是人的理性的充分表现，也是自由的真正体现。不过，道德自主性还无法上升至道德"主权"的程度。康德强调了神圣意志——一种超越命令的意志——与受义务约束的道德意志之间的区别。在道德领域里，人既是自己法律的创制者，也是道德法律的臣民。

由于一个人的意志自由很容易构成对另一个人意志自由的侵害，为了实现互惠与和谐，便发展出对普遍性法规的需求，康德提出了"要只按照你同时也认为能成为普遍法则的准则去行动"这一绝对命令。合乎道德的行为的根据只应是对所有理性存在者都有效的普遍化标准。自由应该是所有人的自由。自由不等于随意行事，真正的自由是冲破不合理的限制，而不是取消一切限制。用孔子的话说就是随心所欲而不逾矩。

根据康德的哲学，获取真正意义上的自由是人生的首要任务，自由赋予人生以道德意义，使平凡的生活泛起理想主义的色彩。所谓真正意义上的自由，是指能与他人自由和谐共存的自由，这种自由具有建设性意义，提携社会与人生不断向新的高度升腾，而不是堕入自我与欲望的深渊。康德已经清晰地指出正义所具有的自由维度，只是在中国社会由于传统习俗的拘束，这一点还很少被人认识到。

在微观的层面上自由对每一个个体都极其重要，除了可以从道德层面加以论证，法国哲学家亨利·柏格森所倡导的生命哲学通过对生命存在直觉性的体认告诉我们自由的必要。柏格森认为，在深层自我的层次上，自由意味着自我的生长。自我是流动着的、不断生长变化的，它是心理状态相互渗透、融化而成的整体；自由程度的差异取决于各种意识状态相互渗透、融化的程度。① 在社会中，自我经常与表层的、空间性的东西发生关系并形成表层意识。如果表层意识总是无法与自我整体融合，就会形成一个寄生自我，并不断侵犯基本自我，而在这种状态下自由是有限的。因此，深层自我是行为的起始原因，不受其他东西的支配。这说明深层自我是自由的。

生长变化着的自我需要不断受到教育和启发。灵魂会因吸收了外界的教育内容而茁壮生长，从而增大其自由度，因为能够做出自由决定的正是整个灵魂。我们的基本自我越活泼、越丰富，我们越能表现自己，我们的动作也越自由。自由意志的存在通过对深层自我的体验而被感知到。

在对自由的哲学阐释的基础上，我们能够更加清楚地理解人与人之间的平等。柏格森对深层的自由意志的阐述证明了个人意志的高度私人性、独特性和难以公共化的特质。意志的深层自由意味着个人的独特性，而个人的独特性意味着个性的内在尊严。自由意志是生命本真性的要求。每个个体的深层人格是独特的、不可通约的、高度私人性的，正是从这个意义上讲，才能够确立个人之间的真正平等。因此我们说，自由是平等存在的条件，而平等则是自由的社会表现。

三、国际社会的正义原则

一言以蔽之，罗尔斯的正义理论就是"正义即公平"。罗尔斯假定了一个"原初状态"来排除各种历史和现实因素，使正义原则的产

---

① 柏格森. 时间与自由意志 [M]. 吴士栋，译. 北京：商务印书馆，1958：112.

生纯粹从零点开始。在这个原初状态中，各方都是受到平等待遇的道德主体，其选择结果决定于纯粹的逻辑推理，而非任何偶然事故或者社会力量的相对平衡。在罗尔斯设置的"无知之幕"下，人类对于自身的天赋、才能及在社会中的位置的认识被遮蔽了，他们具有的只是一般的生活和理性常识。在这种公正无偏见的情形下，正义的原则——关于在自由民主社会中对于值得拥有的某些"首要的美好事物"，如权利、自由、机会、财富以及自尊的基本条件等的分配——产生了。

罗尔斯在其后来的著作中开始考虑其正义理念在各民族之间关系上的应用问题。罗尔斯在《万民法》（*The Law of Peoples*）一书中系统地阐述了他的全球正义（社会之间的正义）观点。罗尔斯在《正义论》中强调自己的理论主要针对所谓"秩序良好的社会"，亦即以西方的自由民主理想为蓝本的社会；而在《万民法》中，他不仅使正义原则适用于自由民主社会，同时也指向等级制社会，它们都是这个由平等民族组成的秩序良好的社会中拥有良好声誉的成员，《万民法》的基本原则是它们共同接受的①。罗尔斯在国内正义问题上是反对自由至上主义的，即反对让市场的自由竞争决定人们的成败，因此他设计了让处境最差者得益的具有福利国家倾向的干涉原则。罗尔斯似乎认识到，自由交易即使在国际社会中也会对正义造成威胁，因此有必要进行国际援助。事实也的确如此。然而，罗尔斯的援助处境最差的国家人民的责任只是确保了一个固定的最低限度（正义原则第8条），罗尔斯本人并不赞成在国际社会中实施国内正义的差别原则。罗尔斯

---

① 这些正义原则包括：（1）各人民是自由且独立的，而且其自由独立将得到其他人民的尊重；（2）各人民会遵守条约和协定；（3）各人民是平等的，是签订对其自身有约束力协议的各方；（4）各人民负有互不干涉的义务；（5）各人民都有权利自卫，除此以外，没有任何发动战争的权利；（6）各人民都要尊重人权；（7）各人民会遵守对战争行为所设下的一些具体限制；（8）各人民有义务协助其他生活在不利条件下、未实现公正或正派的政治和社会体制的人民。

对不同类别体制下的人民做了区分，主张在平等尊重的大前提下采取区别对待的政策。

令人遗憾的是，罗尔斯没有将他在《正义论》中提出的正义原则在国际社会贯彻到底。这里涉及了当自由主义民族（或国家）进入全球领域时应该如何对待非自由主义（nonliberal）民族（或国家）的问题。不以个人主义为基础的非自由主义民族是否具有道德价值？非自由主义民族是否必须接受自由主义？前者是否可以将自由主义强加给后者，即以一种帝国主义的方式，这些都是全球正义理论构建中无法回避的问题。罗尔斯承认合理多元主义（reasonable pluralism）这个事实，他的全球正义理论包容非自由主义民族。然而，罗尔斯对于自由民主国家和非自由民主国家区别对待，其正义原则只局限于自由民主国家内部。

作者认为，罗尔斯对不同体制下的人民进行区分并区别对待的提议存在根本性缺陷。罗尔斯的正义原则不能局限在一个自由民主社会的内部，而应延伸到全球范围。[①] 罗尔斯所谓自由民主社会和非自由民主社会的区分，强调的是社会制度的差异，但正义原则的适用条件并非取决于社会制度——因此，罗尔斯对此的论说是一种虚妄的建构，正义原则在国际社会的适用更重要的是取决于各国所拥有的共同伦理基础。因为各国只有首先在对何为善、恶和公正等概念达成共识的情况下才有可能采用同一的正义原则，否则各个社会只能分别适用各自不同的正义观念，而这些不同的正义观念是受到各个社会不同的历史、环境等因素的影响和制约而生长出来的。

数千年来，人类的宗教和伦理传统一直维系着某些基本的原则，这些原则没有哪个国家能够否认，也就成为一种"底线伦理"。这其

---

① 托马斯·波格（Thomas Pogge）也认为《万民法》没有包括充分的人权，也没有把差别原则应用到全球范围。

实也说明了罗尔斯的正义原则在全球范围内的适用有着坚实的伦理基础：自由民主制度的国家与其他国家之间不存在伦理基础根本不同的问题，因为一些伦理原则已经被广泛接受，成为普世性原则。在这个过程中宗教发挥了巨大的、无可比拟的作用，它将伦理信条撒遍全球的每一个角落。尽管宗教有很多种类和派别，但基本的宗教教义有着惊人的一致性，它们发挥着警世喻人的教育功能，并成为人们指导人生实践的伦理原则。

举例来说，1993 年的"世界宗教会议"提出了《全球伦理宣言》，该宣言认为，全世界的各种宗教之间具有共同之处，这种共同之处可以成为全球伦理的基础，即一种关于有约束力的价值观、不可或缺的标准以及根本的道德态度的最低限度的基本共识。不同的宗教和伦理传统之间的严重分歧不应阻碍人们公开宣布这样一些东西，这些东西是人们已经共同拥有并共同肯定的，虽然其中每一样东西都有各自的宗教或伦理根据。这种全球伦理并不是指一种全球意识形态，也不是指用一种宗教来支配其他宗教，而只是对一些基本价值、标准等的共识，它展示了世界诸宗教在伦理方面最低限度的共同点。

除此之外，一些特定的国际价值观念也在全球范围内扩展开来。在很长一段时期内，作为欧美"文明国家"专利的有关主权国家的一系列价值观念现在越来越多地在全球范围内散布、蔓延，自由民主社会和非自由民主社会的区分已经逐渐丧失其严格的标准而变得模糊难辨。欧洲国家之间较早意识到自己有某些共同的价值观与利益，它们在处理彼此关系时受到某些共同规则的约束，在这个意义上，它们组成一个社会，即"国家社会"（society of states）。然而，这种情形在两次世界大战以后，尤其是在冷战以后发生了根本性的变化。有鉴于 20 世纪空前的人为灾难，政治家和知识分子都迫切地寻求某种"普遍性"的"人类共识"，并且事实上也取得了很大成果。"国家社会"逐渐扩大，民族自决、主权平等、种族平等若干政治伦理原则获得了普遍承认，甚至成为国际公法。可以说，当今国际关系中，人类已经拥有了一些共同的价值观念。

因此，正义原则应该从自由民主社会推广开来，扩展至所有的国家。本书作者基于本章关于正义的论证，对于适用于国际社会中的正义原则做出如下论断。

第一，所有的国家都享有平等的主权及由此衍生的一切权利，而所有这些权利以不妨碍人类的共同利益为界限。国家之间公平地享有权利和承担义务。

第二，应该消除国家之间巨大的贫富差距；应该建立起这样一种经济秩序，使处于贫穷状态中的国家在国际贸易不再继续受到剥削；财富的分配不应仅遵循资本法则，而应该遵循"条件最不利者也能得到最大的利益"的原则实行再分配。

第三，各国权利的享有不应对个体发展所需的自由权的行使造成妨害。社会制度的进步应体现在个人不断增长的幸福感及个人价值的实现上。

第一条和第二条正义原则借鉴了罗尔斯提出的适用于自由民主社会的正义原则，它们与本章所论述的正义的公平性保持一致。第三条正义原则是依据本章前面部分关于自由的论证发展而来。国际社会更要注意对于个体权利的保护，因为有时人们更关注国家的权利，而忽视了作为国家的实质性组成分子——个体的利益。

可以说，尽管国际社会被认为处于无政府状态之下，但是绝大多数国家已经意识到它们之间有某些共同的价值观与利益，在处理彼此关系时它们受到某些共同规则的约束。正是在这个意义上，"国际社会"得以形成并存续。而随着国际社会不断发育和成熟，前述的共同价值基础将越来越深厚，而符合正义原则的国际社会，其中包括国际税收秩序的构建将越来越可能获得成功。

我们的任务是检验现实的税收协定条款是否验证了关于合作规则公平性的预测。国际税收秩序只有在满足正义要求的情况下才能得到最好的维护。这是由正义本身的利他性质和功效决定的。如果税收协定无法体现分配正义，那么国际社会在税收领域就不可能保持长久的秩序。

作为国际契约组成部分的税收协定，如果具备我们所推崇的正义的品格，那么它需要包含正义的公平与自由两个层面的含义。①

首先，它需要具备公平性，也就是说它需要符合我们前面刚刚提出的在国际社会中适用的正义原则，或者与我们在本章第一节所描述的分配正义或合作正义具有一致性。税收协定主要是主权国家之间关于税收管辖权的划分达成的协议，本书将在以后的章节中详细探讨对于跨国所得的征税权利和义务在国家之间分配的正义性，它还涉及共同协商和仲裁机制及其正义性等诸多问题的讨论。通过权利和义务的恰当分配以及规定制裁手段等来达成协议都体现了正义性，前者体现了公平性，后者体现了分配正义。② 这是从国际社会的宏观层次来探讨正义性的要求。

其次，它需要与适用于国际社会的第三条正义原则保持一致，也就是对赋予个体自由权（人权）给予充分考虑。税收协定法律一定要体现人的自由意志，否则协定法律只会成为一架纯粹的机器，敌视人的生命本身及其成长的一切潜力。不能离开自由谈法律，法律本来就是自由主义时代最伟大的成就之一。这里涉及法律自身的合法性或正当性问题。法律作为自由人的法律必须内在地表现为一种对人类命运

---

① 本书提出了正义具有公平和自由两个层面的含义，将在后面展开详细讨论。

② 古希腊哲学中关于"应得"的概念，即个人得到他的所作所为所带来的回报，这种回报是符合理性原则的。可以认为，后者体现了分配正义。"应得"必然包含了因其不良行为受到惩罚的预期。

的价值追问和意义关切，发挥应有的价值规范和价值导向作用。法律要关切人类命运和发挥价值导向作用，就必须诉诸个人的内在自觉，内化为人们心中的道德律令。法律只是一种外在的规则，假如没有道德主体的内在价值支撑，这种规则对于人来说就是外在的强制力量，甚至就是暴力，就会导致消极守法。只有个体确实对法律产生了认同，法律才不再是异己的力量，个体才能从情感上对法律产生亲切感，并在行动上遵从法律规范。因此，税收协定法律要实现其缔结的目的，必须对人的自由权给予充分考虑。税收协定法律只有在充分考虑了人的自由权的前提下才可能得到各国人民的认同，内化为心中的法律，并在实践中得到自觉的遵从，否则，它的执行将不可避免地遭到人们的抗拒和逃避。这是从国际社会中的微观个体的层面来探讨正义性的要求。

第三节　税收协定的产生和正义在税收协定中的显现

一、自然状态与对税收管辖权的争夺

社会契约论是一种传统的政治学理论，最初的缔约者是个人，他们为了自己的利益——寻求共同保护（霍布斯），促进自由和平等（卢梭）而彼此联合，组成社会。这些理由构成了社会条款，每当有新的成员加入时，他们需要事先同意这些条款。

社会契约理论中的一个基本概念是自然状态，它是一个假设的建构。社会契约理论家（如霍布斯、洛克和卢梭等）对这种状态有着不

同的理解。霍布斯认为，自然状态是一切人反对一切人的战争状态。在自然状态中，人的自私自利以最原始的形式表现出来，赢就是一切，"结果决定手段"；这个世界充斥着撒谎、欺骗、谋杀，没有规则的存身之地……①洛克的观点与之不同，他声称自然状态是一种"最自由的状态"，在自然状态中，人们受自然法的约束。当个人出于对无政府的自然状态的恐惧或者他们联合的道德倾向性而联结在一起时，社会就出现了。

在自然状态中，自由是不受限制的，因为没有什么可以阻碍人们以他们愿意的方式行动。在有的地方，霍布斯把自然权利描述为对所有东西的权利，甚至对自己的身体的权利。这种自由当然有可能是虚幻的，因为"自由的"行动者彼此之间的行为频繁地发生冲突，在这个意义上，全部的自由将会毁灭现实中的自由。

在自然状态中，我们受自我保存的理智驾驭，由于我们在这种状态中极为脆弱，我们会尽一切可能来保存自己，这意味着自由是广泛的。在自然状态中，被认为是合理地施加的限制是很少的，因为我们不会知道我们潜在的敌人的力量。在自然状态中，自然权利的运用实际上会构成行动的外在障碍，因为人们彼此相互妨碍。结果是越是拥有更多的不受限制的自由，我们的行动力量越是受到限制。因此，在自然状态中，自然权利限制着我们的自由和我们的力量。

在国际税收领域曾经一度存在着类似的无政府状态：自然状态下的国际税收秩序一片混乱。国家被认为拥有绝对主权，税收管辖权作为国家主权的自然延伸也被认为是不受限制的。对于现代国家而言，财税收入对于一国的正常运转和不断发展是至关重要的，现代国家甚至被称为"税收国家"。各国都在试图使自己的征税权范围尽可能扩

---

① 霍布斯. 利维坦 [M]. 黎思复，译. 北京：商务印书馆，1986：97－98.

大，以攫取尽可能多的财政收入，因此发生征税权重叠的税收管辖地潜在地处于永久战争状态下。主权国家间的"税收战争"同国家之间争端的终极形式——武力纠纷、争夺政治影响力或求得经济发展的斗争等一样，都是国家间竞争的表现，它们都服从同样的逻辑。这种纠纷对纳税人产生了很大的影响。税收主权的交叉和重叠给纳税人带来沉重的负担。因此，为了确保不同税收管辖权之间的和平共处，各国在国际层面采用了税收协定这种经典的法律工具。

在霍布斯看来，从令人无法忍受的"自然状态"下的危险解脱出来的唯一办法就是所有人放弃他们的自然权利，将权利交给他们缔约建立的"利维坦"——一个无比强大、无比威严的公共权威，于是保障所有人安全的国家形成了。然而，由于主权的至高无上和不可让渡的特性，国家之间不可能建立起如同一国之内超越个人之上的"利维坦"，那么依据霍布斯的理论，国际上的"自然状态"，即无政府下的战争状态也就无法得以消除。因此，霍布斯的理论尽管被后来的许多现实主义学者采纳用以分析国际社会的现状，尽管它也可以用来解释国际税收社会的原初状况，但作为调整税收秩序的工具的税收协定依据，霍布斯的理论不可能产生或发挥效力。然而，在现实中，税收协定的产生实际上使国际税收秩序得以形成，并消除了原始的各国之间相互搏斗、争夺税收管辖权的混乱状态。

与霍布斯的观点不同，洛克声称自然状态是一种"最自由的状态"，认为人类生活的自然状态并不以战争状态为常态，相反，自然状态可以是和平友好的。国家建立的目的不单纯是为了摆脱战争状态，让人们获得安全并享受和平、宁静的生活，人们联合起来组成国家和置身于政府之下的重大和主要目的，是保护他们的财产。[①] 关于

---

① 洛克.政府论：下篇 [M]. 叶启芳，译. 北京：商务印书馆，1964：12.

订立契约组成国家，霍布斯是让所有人一次性把自己所有的权利交给"利维坦"。洛克则主张人们应该保留一些最基本的权利。显然，洛克所描述的美好的"自然状态"并不能符合国际社会在跨国收入征税问题上的原初状态，然而他关于国家形成的说法却解释了税收协定的产生。

避免双重征税通常是通过双边税收协定来达到的。缔约国同意对各自的税收主权做出部分让渡，通过谈判的方式重新划分它们的税收主权，同时将共同的税收管辖地界分清楚。虽然在国际税收领域还不存在一个国际共同体的概念，但是税收主权不受国际社会规则的制约、享有不受限制的权利的思想原则上必须放弃。将发生重叠的税收管辖地界分清楚是使个人、公司和国家的机会最大化的有效方式之一，这在所有可能有双重征税问题发生的跨境活动中都适用。

20世纪20年代，国际联盟和国际商务机构开始研究如何避免双重征税的问题，这其实是一个崭新的国际战略问题，即在没有更高一级权威的情况下，如何分配国际税收的税基。国际联盟还开始进一步起草避免双重征税协定的范本。发达国家最后就这个问题的解决达成一个基础性的合意。这个合意体现在《经合组织范本》中，它说明了在国际税收领域各国决定合作，放弃单边行动。该范本是一个由2500多个双边税收协定组成的网络赖以建立的基础，该税收协定网络由对称性或非对称性的双边税收协定构造而成。也可以把非对称性和对称性税收协定分别看作一个庞大的网络，它们共同组成国际税收体系的主要框架。这两个协定网络都是在20世纪初期的双边税收协定范本的基础上建立起来的，即1963年的《经合组织范本》。

二、避免国际双重征税和防止逃税的协定宗旨

在税收协定的谈判过程中，居民国和来源国各自对于征税权做出一定程度的让步，达成合意，这种谈判方式表明了缔约方把税收协定理解为一种契约。建立在契约基础上的合作不是建立在压制或强迫之上的，而是以成员的共同意志为合法基础。在涉及特定议题时，任何打算进行合作的一方必须约束对自身利益的追求，对合作条件达成合意，以保证合作的成功。合作条件是参与合作的自由而平等的公民所一致同意的规则。那么，人们需要问一个问题：合作条件是如何被制定出来的？这涉及合作规则的公平性问题。也就是说，我们是否可以确信人们通过理性谈判达成的协议是正义的，或者换一个角度说，协议的共同意志是否是被发达国家操纵的结果，无法真正体现正义性？

当我们检验税收协定是否符合正义性原则时，可以从理念部分着手进行。税收协定的理念主要通过宗旨和目标体现出来。协定的宗旨和目的是缔约国双方试图通过该协定的缔结产生的某种事物。尽管协定被认为可以有一个以上的目的，不过《维也纳条约法公约》第31条鼓励解释者从协定总的宗旨和目的出发来考察协定条款。它与缔约方的意图有着密切的关系。值得注意的是，《维也纳条约法公约》第31条指"协定"的宗旨和目的，缔约方的意图在此无关紧要。[①] 1963年和1977年的《经合组织范本》开始把免除双重征税和避免逃税列为税收协定的目的，协定的宗旨和目标统率其他条款。

---

① 不过在有些情况下，缔约方的意图足以说明协定的宗旨和目的，那就必须确定能够从条约文本中找到缔约方很显明的意图。这时候，影响解释过程的协定宗旨和目的是缔约方意图的真实表达。在这种客观环境中，解释的宗旨和目的不是"文字"，而是反映在协定文本所使用词语中的缔约方"意图"。

第一次世界大战之后，免除双重征税的运动获得巨大的推动力，由于战后税率过高，并且人们开始认识到双重征税是不科学和不合理的。双重征税被认为是对外贸易和投资的障碍，其罪恶和加于人们的负担需要得到减轻。一个人如果生活和工作（至少一部分工作）在不同的国家将受到两个国家的税收管辖。双重征税的问题并不完全陌生：当货物需要符合制造地和进口地不同的标准时，或者当工人争取在一个国家所获得的资格证书被另一国所认可时，类似的问题都会发生。在多数情况下，双重规制带来的损害要么是第二国的市场被禁入，要么是需要增加成本以符合第二套规制标准。双重税收制度的管辖显然在另一国要受制于同样的环境——更多的税收（当然还可能有更多的遵从成本等）。

正义不仅关乎国家和民族，它还关乎人类共同体所有的个人。国家社会的道德价值必须根据它有助于个人正义的实现来判断。国际秩序的价值必须根据它对个人的权利和利益的促进来衡量，而不是由分配给国家的权利和利益来衡量。税收协定主要涉及了纳税人的财产权、自由权等。税收协定是税收管辖地之间因有和平共处的需要而产生的。主权国家有相等的征税权，税收协定解决了税收管辖地重叠而产生的征税上的技术性问题。

对个人来说，双重征税是对财产权的侵犯。从客观的效果来看，双重征税问题的存在抑制了投资资金、个体在其他国家提供劳务、服务及商品的流动，减小了生产要素的流动性，从而使个人的跨国活动受到很大影响，而这无疑使人权的实现受到影响。例如，演员的跨境演出收入被双重征税，是对个人表达自由的损害；宗教团体的跨境活动所得被双重征税，是宗教自由受到限制；一些社会团体的跨境活动被双重征税意味着结社自由受到影响；媒体的跨国境提供服务被双重征税说明表达自由受到抵制；等等。各国的税收协定依据《经合组织范本》对上述问题分别进行税收规制，减轻了纳税人的负担，便利了有关跨境活动的开展，体现了对于自由权的保护。[①]

税收协定首先对一些概念如"居所""常设机构"等进行定义，并对不同的收入类型进行分类。税收协定对居民国和来源国关于不同类型所得的征税权做了界分。有的税收协定条款把某些类型的收入的全部征税权授予一个国家，而另一个国家则被完全剥夺了征税权力，如将对常设机构利润的征税权力完全赋予来源国。除非另有条款规定，根据《经合组织范本》第 23 条的规定，居民国有义务放弃征税以此来避免双重征税。在这种情况下，税收协定直接对双重征税的现象做了规制，协定条款起着决定有权进行征税的税收管辖地的作用。然而，税收协定在有些情况下并没有对税收管辖地进行完全清楚地界分。税收协定常常承认国家"可以"对个人、公司、资本或活动征税。在这种较为模糊的情况下，双重征税问题就不能通过税收管辖地的严格界分而得到解决。税收协定还规定两个国家可以分享征税权利，通过减少各自的征税份额来减少对于纳税人的征税，如关于利息所得等投资收入的征税税率的规定。我们可以看出，征税权力的界分是长期博弈的一个结果，其结果的公正与否关系到分配正义的实现。可以说，整个税收协定是建立在互惠的基础上的，它保证了各国在相同条件下拥有平等的税收主权。然而，各国在征税权力的具体分配上是否符合公平性还有待于本书后面章节的进一步论证。

防范逃税是税收协定除避免双重征税之外的另一宗旨。这是对个体自由权的合理限制，以保障所有人均获得自由。也可以说，这是从相反的方面来捍卫个体自由。近些年来，逃税问题引起了人们的广泛关注。经合组织等国际组织和各国政府投入更多的资源来研究该问

---

① 这一点符合我们提出的正义原则的第三条。

题。① 在实际的商业交易中，纳税人能够通过多种方法②逃避税收，致使政府的财税收入遭受严重损失。如果任由这些人进行税收筹划以逃避税收，那么这不仅将造成越来越大的政府财政压力，还将形成对诚实纳税的人的严重不公平，甚至可能导致原本诚实守信的纳税人对于制度的公平性丧失信心因而为了维护相对的"公平"走上违法避税之路。

经济全球化和自由化使跨国商业活动和金融交易呈指数级增加，并且将私人部门转化成一个没有国界的世界。但传统的法律规则是一个政府不执行其他政府的税法，一个政府不帮助其他政府征收它们的税收。这使各国的税收当局感到很大的压力，因为它们的税法执行能力并没有相应增强。各国税务当局的技术力量还没有发展到足以应付商业活动和金融交易的复杂性的程度。一般来说，各国税收当局的执行力继续为国家边界所限，继续行使同样的税法执行权力，如同在全球化世界一样，这使它们无法应付财税收入流失的严重威胁。③

很长时间以来，国际税法专家一直关注这个问题。最近几年，国际资本流动的法律障碍和技术障碍的解除更使得纳税人能够相当灵活地运用现代电子通信技术和信息技术在国外隐藏税收信息。全球化和技术变革将应对逃税的问题推至前台。在趋向全球化的世界里，各国税务当局获取征税信息的障碍还有：许多管辖地的银行机密法和其他保密法律禁止金融机构向政府部门泄露有关信息，除非在一些特殊的情况下。成为国际金融中心或避税港的国家都制定了银行保密性法律，它们为了吸引外国人的投资，如银行存款和其他滋生利息的投

---

① 详见经济合作与发展组织报告（1998）中的讨论。

② 如转让定价，纳税人将收入从一个管辖地转移到另一个管辖地，通常从税率较高的税收管辖地转移到税率较低的税收管辖地。

③ Spencer David. Exchange of Information [J]．Accountancy business and the Public Interest，1987(1)：88.

资，可能不想与外国投资者的居民国政府进行信息交换。

比起私人部门，政府常常显得行动笨拙，但它们努力增强着自身的能力。搜集境外税收信息的主要工具是包含信息交换条款的双边税收协定。双边信息交换条款允许缔约国政府彼此之间进行讨价还价，提供对方执行税法所需的信息。

三、《联合国范本》对发展中国家利益的关注

《联合国范本》的出现代表着税收协定范本理念上的变化，此前的《经合组织范本》支持对称性税收协定网络的建立和扩展，即适合发达国家与发展中国家之间订立的税收协定，它主要考虑的是发达国家的利益。在发展中国家的强烈呼吁下，《联合国范本》产生了，它重视国际社会中的弱势群体——发展中国家的利益。

发达国家和发展中国家不断增长的经济互动产生了许多后果，其中包括非对称性税收协定网络日益增长的重要性。非对称性税收协定网络由发达国家和发展中国家的双边税收协定组成，它们主要是在《联合国范本》的基础上签订的。"非对称性"指缔约国之间不平等的投资流向：发展中国家通常是资本输入国，发达国家通常是资本输出国。《经合组织范本》是在发达国家之间签订的，因此它假设税收协定缔约国之间的跨境收入流是对称的。然而这些假设因素在非对称性税收协定中通常并不存在。

在宏观经济方面，发达国家和发展中国家之间一个主要区别是发展中国家的国民收入水平无法提供足够的国内储蓄以支持经济进一步发展所需要的投资资金。因此，发展中国家通常有着相对比较强烈的内部投资需求（如公共设施），而这部分资金就需要由发达国家来提供。这种需求引发了发展中国家之间的国际税收竞争，以吸引内部投

资资金。

这种竞争趋势从第二次世界大战之后变得更加明显。资本不断增强的流动性助长了国际税收竞争，而技术手段的进步（如资金的电子转移支付手段的发展和远距离通信质量的改进）又促进了资本的流动性。著名的印度联邦共和国（Union of India）案例表明发展中国家通常向潜在的外国直接投资者提供各种税收优惠，有时它所放弃的税收收入甚至超过了外国直接投资的增长额。

《联合国范本》是在《经合组织范本》（1963）之后出现的，最早在 1980 年发行。它试图使来源国比在《经合组织范本》中享有更大的但不完全的税收管辖权。[①]《联合国范本》的主要目标是通过提供一个协定范本来帮助发展中国家（它们通常是来源国）与发达国家进行税收协定谈判，并针对《经合组织范本》进行了 27 处改动，以扩大来源国相对于居民国征税的权力。这些改动包括：《联合国范本》对于常设机构的定义比《经合组织范本》的定义要宽泛；《联合国范本》提供了"有限吸引力规则"，阻止对于常设机构利润归属规则的操纵；《联合国范本》对于特许权使用费的定义比《经合组织范本》的定义更宽泛；等等。[②]

应该说，《联合国范本》关于税收管辖权的分配（特别在预提所得税等项目上）采取来源国原则，这体恤和照顾了在国际社会处于弱势地位的发展中国家的利益，因此符合我们前面提出的适用于国际社

---

① 《联合国范本》其实介于主张来源国征税权的《安第斯条约》和主张居民国征税权的《经合组织范本》之间。《安第斯条约》出现于 1969 年。

② 《联合国范本》于 2001 年得到更新。2001 年版的《联合国范本》是朝着更接近于《经合组织范本》的方向演进的。有的观点认为这是由于《经合组织范本》在国际税收中所处的先行优势（lock－in effect）造成的。一个发展中国家愿意签订基于《经合组织范本》的税收协定是因为《经合组织范本》建立起的国际税收体系的网络性市场，正是这个市场对发展中国家具有诱惑力。《经合组织范本》就如同一个具有兼容性的标准，纳税人（如同 CD 市场上的用户）可以以很低的交易成本发生互动，而如果采纳的是非兼容性的标准的话，交易成本就将高很多。

会的正义原则的第二条。作为国际社会的重要组成部分,发展中国家尽管在经济上处于劣势,但是与发达国家存在着高度的相互依赖关系,可以毫不夸张地用"一损俱损,一荣俱荣"来形容它们之间的关系。必须对发展中国家和发达国家之间的关系进行协调,满足或至少大体满足发展中国家对税收收入的要求。社会连带理论蕴含着保护弱势群体的理念,以达成社会团结的目标。如果社会中的不同群体发生过多的摩擦和冲突,不仅会耗费社会机体的潜能,还会令社会本身遭受损伤。因此,社会不同群体应通过团结合作求得"共荣"而不是"共损"。世界经济发展到一定程度之后,发展中国家逐渐成为世界经济发展新的引擎,如果不考虑它们的利益,导致发展中国家与发达国家产生经济摩擦或冲突,不仅是对发展中国家的不公,还是对世界整体经济的损害,并最终损害发达国家的利益。

第三章 税收协定原则的正义性

法律的本质是一种关系，如孟德斯鸠给法律所下的定义："法律，从最一般的意义上讲，是由事物的本质所发展起来的必要关系。"① 社会规范和价值随着时间的推移在不断地演进。法律试图实施这些价值，如平等性、效率、自由、确定性等。可以认为法律是社会规范和价值的反映。

社会中普遍存在的基本规范和价值通过法律原则与法律发生联系。原则可以被视为价值的表达，它构成了现代民主社会中法律的规范性基础。根据德沃金的观点，原则可以被定义为一种标准，原则需要被遵守因为它是正义或其他道德维度的标准。这些原则不是某个法律制定机构意志的产物，它们源于社会公众"逐渐发展起来的合宜感"。原则是法律价值以及实体法律（如法律规则）之间的中介。法律规则由原则生成，原则是规则产生的基础，原则被视为价值和规则之间的桥梁。

对于法律原则的一般性阐述同样适用于税收协定的原则。与一般法律中的原则不同的是，税收协定中的原则与规则很接近，或者说，这些原则本身可以作为具体的规则来使用，而不需将其作为价值的表

---

① 孟德斯鸠. 论法的精神［M］. 孙立坚，译. 西安：陕西人民出版社，2001：3.

达再次转换为规则。本书之所以把它们列为原则，是因为它们内含的强烈的价值观念。本章将对税收协定中的原则进行概括，并讨论它们如何反映了社会观念中的"合宜感"，即公平正义之感。

第一节　税收管辖权的划分与分配正义

各国可以在国际习惯法和双边税收协定所划定的界限之内自由地决定它的税收管辖权。各国持有的权力由国际习惯法决定，它们行使其权力不能超过国际法所赋予的范畴。在国际法规定的界限之内，各国可以自由地决定自己行使管辖权的范畴，以及如何分配与其他国家之间的征税权力。

一、税收管辖权在居民国和来源国之间的分配

税收权力及税收管辖权在国家之间分配的法律基础一般认为在于国家主权理论，因此可以说征税权力是国家主权的自然延伸。一个国家基本上可以自己决定其征税权力，不过在现实的国际关系中，税收征收一方面受到一个国家实际执行其税收权力的可能性的限制，另一方面也受到国际法的制约。必须考虑国际法中对于武断、任意行为的禁止。如果在国家与该国对于税收征收之间没有充分的关联性，就可以认为存在着武断任意的情形。充分的关联性可以通过征税与该国之间存在的政治或经济联系而显示出来。[①] 国家之间的经济联系对于税

---

① Martha R S J. The Jurisdiction to Tax in International Law [M]. Deventer, the Netherlands: Kluwer Law and Taxation, 1989: 23－41.

收管辖权划分尤其重要。主权的概念本身建立在领土和国籍的基础上，因此，税收管辖权也主要建立在国籍、居所或对一国领土上的收入来源进行处置的基础上。

在国际层面，直接税的征收主要建立在属地原则（居民管辖权和来源地管辖权）的基础上。[①] 但属地原则的含义较为含糊，它意味着征税的法律基础是一国的领土主权；还必须同时加上属人主权原则，即以国籍为基础的征税（如美国）。领土被赋予的具体含义与税基有关——税基中是否只包含一国国内的所得或财产，还指与之相反的世界范围的税基。[②] 属地原则赋予一国对领土上所有的人、事、物征税的权力。

对居民和非居民征税的所有基本规则都反映了国内税法建立在属地原则上的事实。例如，无限与有限税收责任、资本出口中性和资本进口中性、转让定价法规、税务当局之间的信息交换、控股外国公司立法等都与税法的领土基础有关。

国际习惯法规则在各国税收管辖权方面的适用可能导致国际上法律性的双重征税。国际法律性双重征税一般被定义为两个（或两个以上）国家对同一个纳税人就同一征税客体在同一时间段内征收具有可比性的税收。由于历史、文化等诸多因素的影响，各国的国内税收体制有很大不同，这些不同导致了各国之间税收管辖权的差异。当税收管辖权出现重叠时，国际法律性双重征税就不可避免地出现了。

---

① 属地管辖权和属人管辖权是传统的确立管辖权的两种方式。属地管辖权是建立在领土基础上的管辖权，指对一国地理界限内人、事、物的管辖。税收上的属地管辖权指对在本国领土上取得的收入或对居住在本国领土上的人或公司进行征税。属地管辖权包括对居民的无限财税管辖权和非居民的有限财税管辖权。

② 另一种管辖权确立方式是属人管辖权，以国籍或居所作为连接要素。国籍被广泛认为是一种有效的管辖权基础。征税国国民有责任就其世界范围的资产和收入纳税，不管其收入来源于何处。因此，一国对其国民拥有无限税收管辖权。国际法把决定国民/非国民身份的权力留给各国。在一国所设立的公司拥有与国民相类似的身份，这也是无限财税管辖权的基础。

双重征税对于物资、服务的流通,人员、资本的流动以及国家之间经济关系发展的损害众所周知,扫除这种障碍的重要性没有必要多加强调。《经合组织范本》为解决国际法律性双重征税中的常见问题提供了一个共同基础。世界上大多数税收协定在很大程度上都是基于《经合组织范本》制定的。《经合组织范本》在引言部分介绍了避免双重征税的两类税收管辖权规则。第一类规则分配税收管辖权,第二类规则是关于避免双重征税的方法。

首先,《经合组织范本》第6条到第21条确立了来源国和居民国对于不同类型所得各自的征税权。第22条确立了来源国和居民国对于资本进行征税的权力。对于多项所得和资本,如果赋予其中一个缔约国排他性征税权,则另一个缔约国无权对这些所得征税,这样就避免了双重征税。范本确立了将排他性征税权赋予居民国的规则。对于其他所得项目和资本,如关于股息所得和利息所得,并没有赋予任何一个国家排他性的征税权,两个国家都有征税权,但来源国的征税权受到一定限制。

其次,协定条款赋予来源国有限征税权,居民国必须给予税收减免以避免双重征税;这是《经合组织范本》第23条A和第23条B的目的。有两种避免双重征税的方法供缔约国选择,即免除法和抵免法。

许多国家对于管辖权的行使施加单边限制,就像多数国家没有完全行使基于国民身份(国籍)的世界范围的管辖权。例如,法国的公司所得税实施属地标准。原则上讲,只对于在法国境内实现的或税收协定规定的应在法国征税的利润进行征税。因此,法国对于根据法国法律所组建的公司和法国居民没有行使无限税收管辖权,相反地,它采纳的是严格的属地原则。

二、居民国原则和来源国原则的正义性

现行税收协定主要建立在居民国征税原则的基础之上，同时也有一些条款是建立在来源国的基础上。沃格尔（Vogel Hermann Carl）认为，合理化解释是关于税收管辖权分配的最重要的法律原则。[①] 居民国征税原则符合量能课税原则、资本出口中性原则等，因此被许多国家采用，但完全适用居民国原则会带来资本逃离的风险，并且在实际的实施过程中也存在可操作性的问题，所以一些协定条款也采纳了来源地征税原则。如果从正义意味着"合宜""适宜"的角度来看，其实沃格尔所言的合理化解释最重要的方面就是正义性，此处更确切地说是分配正义，或者称之为公平性。税收协定之所以选择了居民国征税原则和来源地征税原则，是因为它们自身所体现的正义性，它们根据不同的情形互为补充。这种征税原则的组合达到了在居民国和来源国之间公平分配税收收入的目的。量能课税（ability - to - pay）通常用来解释居民国对于居民在世界范围内所得的征税，而直接受益理论、量能课税原理等都可以用来解释来源国征税原则。

（一）量能课税原理

在水平维度上，量能课税原理要求处于平等经济地位（如相同的收入）的个人必须负担同等数量的所得税，不管所得来源于何处。居民国原则最符合量能课税理念，因为它将纳税人世界范围的所得考虑进去，更好地反映了纳税人世界性的纳税能力。这一点无可辩驳。

然而，量能课税理念没能解决居民国和来源国之间的矛盾。根据

---

① Vogel Hermann Carl. Worldwide vs. Source Taxation of Income — A Review and Re-evaluation of Arguments(Part I) [J]. Intertax，1988（216）：89.

该原理，具有外国来源所得的纳税人承担的税负应该同只从国内来源取得同样数量的收入的纳税人相同，但如果来源国实行的税率比居民国的税率高，那么取得同样所得的两个人——一个只从来源国获得收入，另一个则从外国来源取得收入——就有着不同的税负。加进来源国税率的变量，具有同等所得的纳税人将承担不同税负水平，这就造成了两个纳税人之间不平等的负担。该理论的缺陷是没有把另一国的情况考虑进去，因此该理论无法完全用来维护排他性的居民地原则。

（二）直接受益理论（支持来源地原则）

税收被认为是纳税人对国家服务支付的价格，各国可以基于向纳税人提供的利益而主张征税权。基于直接受益原理，从一个国家的公共支出获益的人应该对于这些支出做出一定的贡献。该原理通过国籍/国民身份原则、公司组建地原则、居所原则、来源地原则等得到进一步阐释。这些原则更多地属于定性原则，它们表明使一个人承担一国的所得税或资本税是否具有合理性。居民国和来源国都有权力在此基础上主张征税权，但来源国比居民国理应拥有更大的征税权。

对于"来源国"的定义可以说是见仁见智、众说纷纭。本书作者认为，来源国指以某种方式与收入的生产相联系，使物品价值得到增值的国家。智力因素是产生收入的关键性要素。不管是否使用了某种装置，通过个人行为使物品得到增值，通常来源国提供了所有或大部分与收入的创造有关的利益，并因此发生提供利益的成本，这意味着税收应该由来源国征收以作为非居民对政府负担这些成本的补偿。这些利益包括政府提供的市场及法律和经济秩序，甚至政府可能提供的令人惬意的消费财富的环境，等等。通过来源国的征税，非居民与来源国分享了自己的经济成就。然而，在来源国能够对这些活动的收入征税之前，销售者的活动与该国经济应该发生一定程度的融入。销售者在来源国设立的常设机构说明他的商业活动在一定程度上已经融入经济体，因此满足这个条件。不过，沃格尔指出，即使未发生这种融入，也必须对来源国征税原则加以考虑。他认为无法否认，提供市场至少在一定程度上与提供物品一样为销售收入做出了贡献。因此，没有有效理由能够反对销售国取得一部分销售收入的主张。

在这个基础上，来源国可以坚持对来自向其居民销售（某项商品或服务而获得）的收入进行征税，因为该收入如果没有该国提供的市场将不会存在。

例如，《经合组织范本》第17条允许来源国对艺术家和运动员来源于该国的收入进行征税，尽管他们在该国并没有常设机构。这条规则保证了来源国能够对表演家通过表演在该国取得的大量收入征税。沃格尔认为《经合组织范本》第17条采纳来源国原则的主要原因是艺术家或运动员的居民国很难跟踪了解他们的收入，因为"表演家职业的流动性，以及表演家无数的取得收入的机会"[①]。

一般认为，量能课税理论无法用来解释来源国征税原则，因为国家只对纳税人的一部分收入进行征税，而不适用于纳税人世界范围内的所得，但只有综合定义的总所得才能充分体现量能课税原理。不过也有观点认为受益原则其实是量能课税原理的组成部分，因为国家在施予一种与获取财富相关的利益的同时增强了个人能力，而这种利益的提供对个人能力的增强极为重要。因此上面的量能课税原理不能用来反驳来源地原则的适用。

---

① Vogel Hermann Carl. Worldwide vs. Source Taxation of Income — A Review and Re-evaluation of Arguments(Part II) [J]. Intertax, 1988 (10)：216.

（三）资本出口中性、资本进口中性和世界范围的经济效率

中性，以及税收中性是一个相对的概念。尽管现实中不太可能有完全的中性，然而，从效率的角度看，应追求尽可能最高水平的中性。① 效率在这里指的是世界范围内的经济效率，它采纳的是狭义的含义，如生产要素的优化配置不应该由于税收的负面作用而受到影响。在全球化世界中，一国政府的行为受到其他国家的政府行为的制约。由征税导致的穿越国界的溢出效应变得十分重要。将生产要素分配到能够得到最大回报的地方将最大限度地提高世界经济效率。

关于税收对于生产要素在国际范围内分配的效果，焦点主要集中在资本的流向，以及资本进口中性和资本出口中性原理的区别。理查德·马斯格雷夫（Richard Musgrave）教授最先对资本出口中性和资本进口中性进行了区分。他所做的定义如下："出口中性意味着不管投资者的投资收入来自国外还是国内，他应缴纳同样的税收（国内加上国外的税收）……进口中性是指来自不同国家的资本应在任何一个国家的资本市场上以同等条件参与竞争。"从经济学的角度看，采纳普适性原则，也就是对于居民在世界范围内的所得征税并给予（完全的）外国税收抵免被一般认为与资本出口中性政策保持一致。相反地，属地原则意味着一国征税权力的大小只取决于在该国取得的收入或位于该国的资本。属地原则将导致对于外国收入和资本的免除，这被认为符合资本进口中性原理。

---

① 完全的中性是不可能的，因为各国的税收制度和税收水平有着很大的差别。相对中性可以在一定程度上获得，如果每一个国家都尊重另一国发生的（由该国的税法所导致的）非中性的程度和形式，这意味着各国都不会尝试利用其征税权力去改变另一国的相对价格，分配不受另一国的积极或消极影响。国家间的中性要求在另一国展开创造收入活动的纳税人——该纳税人利用了另一国的设施（公共物品和服务）——不比另一国的本国人被课以更重的税收。

这里问题变成资本出口中性的适用是否应优先于资本进口中性。基于居民国原则的税收体制有利于资本出口中性，偏爱资本出口中性的学者们认为，虽然各国税率不同，但在资本出口国中，对国际所得的征税税率将与对国内所得的征税相等，于是这将产生资本出口中性的结果。就效率而言，很多学者认为，如果所有国家都实行基于居民国的征税体制，这将使资本在世界范围内得到最具生产力的分配，因为资本投资在国外还是投资在居民国在税收上没有什么差异。目前，资本出口国主要是发达国家，而资本进口国则主要是发展中国家。发达国家通常比发展中国家的税率要高，但投资环境较好，同时也更富有生产力。同样的观点认为，基于来源国的征税鼓励在低税国的投资，而不鼓励在高税国的投资，因此它将导致经济资源的分配缺乏效率。

有些赞同资本出口中性理论的学者认为，在完全的资本市场中，建立在资本出口中性原则上的税收体制不会干扰投资国的竞争。他们并不同意"资本出口中性有利于效率，而资本进口中性有利于竞争力"这种相反的观点。只要投资是盈利的，在居民（企业）中承担更重税负的企业就可以通过盈利资金来补偿减少的税后资本。

其他支持资本出口中性（即居民国征税原则）的理论从长远上看也很难立足。支持资本出口中性的另一理论是它阻碍了投资资本从高税收管辖地流向低税收管辖地；处于低税收国家的企业可以通过较低价格来增加产品的市场份额，而这将损害高税收国家居民企业的利益，虽然后者在某种意义上看是更有效率的。资本被认为未被有效使用，世界范围的所得和效率也受到减损。但这种推理也遭到有些学者的质疑，特别是当在税收协定的情境下讨论时。显然，各国的税收政策都是与税率和税基"恰当"的国家签订税收协定。另外，如果在一个低税地区开展某项活动十分有利可图，那么有些公司肯定会利用此机会。生产要素将直接或间接地从高税国流进低税国。问题只是外国公司还是国内公司在开展这项活动。还有，母国公司将通过将它们法律上的居所从高税国转移到低税国来使其世界范围内的税收缴纳最小化。在全球化的经济体中，IT产业促进了全球化的发展，许多企业也成为跨国企业，企业将不断失去其原本的国籍身份。因此，从长远来看，资本出口中性的目标很难达到，而全球利润的税收收入也将减少。不仅对直接投资是如此，对离岸投资，独立性和非独立性个人服务（劳动）等也都如此。①

本书作者认为，建立在普适原则，即居民国原则上的征税带来了非中性的后果，以及低效率的体制。居民国对有关市场上竞争者的征税导致低税率国家中的居民享有较高的税后收益和比较竞争优势，这将妨碍高税率国家中的居民在低税率国家进行投资，因为他们将处于不利的税收地位。这里应强调税收水平与公共物品及服务水平，如基础设施等是相互关联的。采纳来源国原则的税收管辖权分配方式能够使本国企业与外国竞争者在同一水平上竞争，将出现"企业同企业竞争，而不是企业主与企业主竞争"的情况。在这种情况下，经济决策没有被税收差异所扭曲，因为所有竞争者都受到同样的税收待遇。因此，基于来源国原则的税收体制将促进生产要素在世界范围内的高效率分配，这将促进世界文明的繁荣。虽然世界文明的繁荣不仅取决于有效率地创造收入，还取决于其他因素，但效率已经成为公平性的一种维度，因为缺乏效率的生产将无法创造财富和繁荣，也没有正义和公平可言。

---

① OECD. Taxing Profits in a Global Economy, Domestic and International Issues [M]. Paris：OECD, 1991：179.

（四）政治责任和身份概念

多数人一般只拥有一个居所并属于一个国家。在许多情况下，一个人的居民国同时也是他与之有着政治联系的国家。因此基于居所的税收在某些方面相当于民主国家中有代表的纳税（taxation with representation），即纳税人通过他们选出的代表来决定应缴纳的税收。

这可以是实行居民地原则的一个冠冕堂皇的理由，即民主制度的内在要求。然而，在全球化时代，过于强调作为一国"公民"的身份及其相应的政治责任也许已经不值得夸耀了。除了具有其居民国的居民身份，一个人还广泛地参与来源国的各种活动，并对来源国负有相应义务。这种身份是极其重要的，也是实质性的。固守原本国家的居民身份而无视这一新的身份无疑会对个人和企业参与全球化进程造成一定的情感困扰和心理障碍，并将最终外显于现实的经济生活和社会生活当中。

因此，来源国原则在全球化时代更适应历史发展的潮流，它更有利于人们走出家园，融入其他文化之中。该原则象征着人们脱离固有的国籍身份，被世界包容，同时他们也包容世界。只有面对来源国原则时，身份才不会成为困扰，来源国原则鼓励个人更积极、更负责任地参与来源地的经济建设和商业活动，以拥有"世界公民"的称号而自豪。这是一种心理成熟的体现，也是自由的必然表现。

三、正义性呼唤更多的来源地原则

首先，通过以上的推理可以看出，相比居民地原则，来源地原则更能体现正义性。它与直接受益原理有着最密切的联系；同时，根据我们前面的论述，也不能认为来源地原则违背了量能课税原则，甚至可以说它也反映了量能课税原理的要求，因为国家在提供利益时已经增强了个人能力。此外，实施来源国征税原则对于国际社会的公正——尤其对于发展中国家的利益而言——尤为重要，它符合我们提出的正义原则的第二条。

对收入的分配理应尊重创造收入的所在地，因其创造收入的贡献而对其加以补偿。追根溯源，对收入的创造做出贡献的并非居民国，来源国才是创造收入的地方。居住意味着消费，居住本身并不产生收入，来源国理应因其对于收入创造贡献而得到相应的补偿。在这种制度下，来源国的税收主权将受到最大程度的尊重。因此，旨在分配所创造的收入的征税管辖权原则不应建立在居所的基础上。这是正义理念中"应得"概念的表现，即让真正应当得到这笔税收收入的国家获得它。

来源国才是在国外开展经济或其他活动的人们受益的地方。根据受益理论，应在来源国纳税。而在其他国家销售商品的商人会认为，在来源国对他们征税，且负担与竞争者同等的税负水平是更为公平的，特别是如果来源国的税收水平比居民国的要低。利用了另一个国家的设施（公共设施）的外国销售者不应负担比在同等情境中在同样程度上利用了设施的其他人更重的税收。居民国征税原则对于那些在国外赚取收入、可能处于艰难环境的纳税人来说是不公平的。

其次，如前面讨论过的，基于来源国的分配制度并不会导致经济资源分配的无效率。相反，这种分配制度更能促进经济资源的有效分配。尽管效率并没有包括在我们对于正义的讨论中，但效率无疑有益于自由——人类文明的发展在很大程度上取决于由效率的提高所导致的事物质的变化。如果没有效率的提高，显然文明将停滞在同一水平上，人类也无法获得更大的自由。

另外，借鉴罗尔斯的正义二原则，我们推导出适用于国际社会的正义原则，其中第二条正义原则要求"消除国家之间巨大的贫富差距"，并且"财富的分配……应该遵循'条件最不利者也能得到最大的利益'的原则实行再分配"。来源国征税原则有利于发展中国家取得更多的税收收入，并帮助缩小发展中国家与发达国家之间的经济发展差距。

居民国征税原则有利于作为资本净出口国的发达国家，而以来源地为基础、促进资本进口中性的体制有利于发展中国家。如果资本出口国和资本进口国之间的贸易流和收入流相对平衡，采用居民国征税原则几乎没有什么不利后果，因为各国将从其居民那里重新获得任何损失了的收入。发达国家之间的收入流较为平衡，所以居民国原则对它们的税收收入不会有什么实质性改变。而发达国家与发展中国家之间的收入流则主要从发展中国家流向发达国家，这样一种征收原则对于发达国家和发展中国家之间的税收分配产生了不利于发展中国家的巨大影响。本书作者认为，从正义的角度讲，这种不公平的税收收入分配体制需要在全球范围内得到改善。而改善的方法则是从偏向居民国原则的国际税收分配体制转变为偏向来源国原则的国际税收分配体制。

由于在实施来源国征税原则的国家中创造收入的经济活动与该国的税收收入有直接的联系，所以该国将受到激励进一步建造、增强基础设施以促进经济活动的开展。随着收入创造活动的蓬勃发展，国家的税收收入也得以增长，而该国的经济福利也随之增加。另外，这样的结果还会带来其他益处，如改善、稳定发达国家与发展中国家之间的关系，减少它们之间的摩擦，① 这实质上是增加了双方的经济福利。

---

① Vogel Hermann Carl. Taxation of Cross－Border Income，Harmonization，and Tax Neutrality under European Community Law，An Instituonal Approach. Deventer ［M］. the Netherlands：Kluwer Law and Taxation Publishers，1994：30.

采纳来源国原则还有利于打击国际逃避税现象。完全的居民国征税原则增加了资本逃离到低税国家的风险。如果离岸税收管辖地的税收较低或可享受免税待遇，居民纳税人会决定在国外投资而不是在国内投资。完全的居民国征税原则将导致居民国世界范围内的税基遭受侵蚀。采纳来源地原则将减少资本逃离风险和国际避税现象，其中包括对税收协定的滥用，因为税收将与所得的产生活动相联系，而不是与居所相联系。国籍、居所等都很容易建立、改变或转移，但收入的创造地却很难受到影响而改变。实施来源国原则更易于与国际税收欺诈行为做斗争，因为在来源国比在居民国更容易搜集有关的纳税信息。[①]

有的学者担心在电子商务环境中适用来源地征税规则可能会产生问题。电子商务的进行不依赖于在来源国的物理性存在或其他代表，而本来其物理存在或其他代表可以成为代扣代缴人。所以有学者认为，即使在电子商务环境中适用了来源国征税原则，征收和实施税收都是很困难的事情。其实这一困难可以经由双方国家的信息交换机制得以克服。随着国家之间信息交换机制不断发展和完善以至广泛应用，信息的获得将变得越来越容易。

在传统情境中，在决定选择居民国原则还是来源国原则时，各国面临着相互冲突的目标，资本出口国和资本进口国之间存在着内在的紧张关系。资本出口国偏好基于居民国原则的税收制度；而资本进口国则关注来源国税收制度，该制度反映了资本进口国引进资本，以具有生产力的方式利用资本，从而有所创造并做出贡献。在现行的国际

---

① 例如，常设机构在来源国的设立使来源国很容易得到征税需要的信息。另外，在传统情境中，《经合组织范本》第 17 条中的来源地征税规则可能比居民国在确定和征收艺术家和运动员在其他国家取得的收入方面更为有效（因此也更为准确）。该规则是传统情境中一种有效的解决方法，因为艺术家和运动员通常通过中介（如代理人或促销人）参加各种活动，而中介也就成为代扣代缴人。如果采纳的是来源地原则，那么就不能期望在该国进行创造大量所得的活动能够实现任何避税的目的，除非这种活动转移到他国中去。

税收规则下，收入不是由资本出口国和资本进口国平等分享的，资本出口国和资本进口国之间的矛盾通过居民国原则和来源国原则以及税收协定的一些概念，如常设机构等得到解决。这些规则代表了相互竞争的利益之间冲突得到缓解，并达到了资本出口国和资本进口国之间分享税收收入的目的。

最后，我们需要强调税收协定条款中应该更多体现来源地原则。过去和现在，由于居民国原则的影响，协定中所得分配规则大部分是以居所为基础的。例如，营业收入、股息、利息、雇用收入、其他所得和资本收益以及个人免除（allowance）、减免等。然而，由于居民国原则带来的很多弊端，关于收入的税收管辖分配上，已经出现了朝来源国原则发展的趋势。尽管这种趋势的出现可能表面上有着各种各样的原因，但内在的驱动力是来源国原则的合理性和正义性。下面是《经合组织范本》《联合国范本》和美国模式中强调来源国原则而不是居民国原则的例子：国际海运和航空条款（《经合组织范本》《联合国范本》和美国模式），分公司利润税收（美国模式），不动产公司股份的资本收益（《经合组织范本》《联合国范本》和美国模式），艺术家和运动员，该分配原则最接近来源国原则（《经合组织范本》《联合国范本》和美国模式）、私人退休金（《联合国范本》和美国模式），等等。

虽然这些发展令人鼓舞，但如果各国有关税收协定的政策发生根本性改变则需要很长时间，即根本性或至少实质性地从居民国原则转向来源国原则。然而，这种变化态势已经启动且不可避免。全球化使越来越多的企业和个人在全球范围内寻求避税的机会，居民国原则尤其能提供寻求避税的动机和可能性。全球化的步伐可能迫使政治家放弃政治正确的考虑，比他们预想的更快地放弃过时的税收管辖权政策，而向基于来源地原则的所得税分配体制迈进。同时发展中国家力量的壮大使它们能够发出声音，使税收协定的修改进一步向有利于它们经济发展的方向变动。

第二节　非歧视性原则

平等被认为是现代社会的一项重要价值，几个世纪以来，它被列为人类所追求的主要目标之一。非歧视性原则体现了人们对平等性的向往和追求。尽管不存在绝对的平等，但是可以确立建立在某种基础上的平等。税收协定中的非歧视性条款中，国民身份是判断是否构成歧视的基础。非歧视性原则不仅能够促进贸易发展，还起着保护国民的作用。

一、非歧视性的理论根基：平等性原则

平等可以分为形式平等和实体平等。"法律面前人人平等"的表述表达了对于形式正义的追求，然而形式平等缺乏具体的内容。亚里士多德所说的"对平等者平等对待，对不平等者不平等对待"是关于形式正义的经典陈述。"当平等者被以不平等的方式对待时，或者不平等者被以平等的方式对待时，不义就发生了。"① 那么，亚里士多德所说的到底是什么意思？要知道，世界上没有完全相同的两个人，正是这种不同造就了人们之间的吸引力，而他们的个人境遇也很少相同。因此，平等只能对于某些层面适用。在哪些层面适用呢？平等原

---

① Meussen G T K. The Principle of Equality in European Taxation [M]. the Netherlands: Kluwer Law International, 1999: 14.

则没有说明这一点。它只是要求在平等的情况下，必须给予平等的待遇。由此看来，任何关于平等的陈述都接近于同义反复，那也是自柏拉图和亚里士多德首次提出平等的理念以后，很少被人们辩驳的原因。从语义学的角度讲，这是一个相当空洞的概念。在讨论正义问题时我们选择公平而非平等的角度，这也是重要的原因。

形式平等缺乏实质性的内容。平等性原则没有表明培养什么水准或者追求什么方向的平等，是应当追求积极意义的平等还是追求消极意义上的平等？平等意味着要将事物进行分配，但分配的标准是什么呢？形式平等并没有回答这个问题。而实质平等则是关于分配政策的具体标准。如国际人权公约①中就有一条关于实质平等的表述，它保证"免于任何性质的歧视，包括种族、肤色、性别、语言、宗教、政治或其他言论、民族、财产、出生或地位的歧视"。

平等概念蕴含重要的道德意义。我们都经受苦难，并且向往亲密关系；我们有着共同的需求——这些人类共性足以推进一个原则，即我们应视他人为与我们平等之人，并以此对待他们，除非我们有理由用另外一种方式对待他们。此外，我们在第一章也讨论过，公平的心理学来源是人们具有的同情心，由于我们对于他人情感等的感知使我们相互承认是平等之人。因此，平等肯定了在某种意义上被一直相信存在着的平等，只是这些平等被社会现实所掩盖或忽略了。

必须指出，（实质）平等理想具有多面性，因此关于平等的辩论一度陷入混乱。平等，同自由、法治和民主一样，概念隐晦，内容多变。没有哪一种平等概念能被称为正确或标准的用法而被人们普遍接受，关于平等概念的异议也不可能马上消除殆尽。不同的平等概念有

---

① 国际人权公约是联合国有关国际人权保护的三个公约的总称。三个公约是《经济、社会、文化权利国际公约》（A 公约）、《公民权利和政治权利国际公约》（B 公约）和《公民权利和政治权利国际公约任择议定书》（B 公约议定书）。

着不同的功能，服务于不同的人、组织和政党。而平等本身的特性也不可避免地会招引关于何为真正的平等的无休无止的论争。

二、国内税法中的平等原则

平等原则作为一项基本权利被写入各国的宪法中以及国际人权公约中。例如，《荷兰王国宪法》第一条规定："不允许基于宗教、信仰、政治观点、种族、性别或任何其他形式的歧视。"建立国内税法中税收负担的平等性是各国立法机构所面临的任务。立法者制定的法律要符合税收负担公平分配的原则。

在现代社会，伴随着国家的发展而产生的一个必要的副产品是持续、理性和官僚化的税收评估和征收。为了使公民过上一种有尊严的生活，现代国家依赖于大量和经常性的税收。但很少有人喜欢纳税。的确，随着现代国家的兴起，税收征收以及对税收的抱怨都同时变得系统化。现代国家通常不能依靠武力来获取资源，因此相应地就需要使国家的税收体制合法化。"对于统治者和被统治者来说，如果税收至少形式上可以被解释为'人民所选择的'，那么它将会更容易令人忍受。"①

公平分配税收负担的目标历史悠久。托马斯·霍布斯曾写道："如果所有的人都来分担税收，税收负担变得很轻。但是如果一部分人偷偷溜走而不缴纳税收，那么税收负担对于其余的人将变得很沉重，令人难以忍受。人们反对的其实并不是负担本身，而是不平等的待遇。人们争议最大的是关于税负的免除，在这场斗争中，不成功的人妒忌那些成功的人，就仿佛他们在战争中被打败一样。去除一项正当的抱怨关系到公共和平利益，因此君主有义务确保公共负担被人们

---

① Pierson C. The Modern State [M]. London and New York：Routledge，1996：33.

平等承担。"①

立法者必须根据某个标准来平等地分配税收负担。古老的有关税收分配的正义理论告诉我们，税收负担必须根据纳税人的经济能力来分配。只有当税基因个人能力的不同而有所不同时，才能够达到税负平等分配的目标。平等征税意味着根据纳税人的经济能力来征收税收，也就是量能课税原则。换句话说，具有相同经济能力的税收主体应该承担相同的税负（税收的横向平等），具有不同经济能力的税收主体必须被课以不同的税收（税收的纵向平等）。

在一个税收体制中，立法者会考虑许多区分标准，这使得只用个人经济能力的标准来衡量税收负担的平等性不太可能。平等原则只与个人性的税法有相关性。关于平等原则的考虑主要集中在个人所得税和公司所得税领域。由于所得税可以将纳税人的个人能力列入考虑范围，所得税的立法者越来越注重税收的公平性。

然而，平等原则本身不足以解释税收趋势。经验表明，在实行高税率的国家，经济能力强的纳税主体经常尝试着通过各种合法或非法手段逃避税收。高税率产生的经济压力促使人们进行创造损失的活动，如转移收入来源、做出不经济的投资决定或发生可扣除的但并无必要的费用。递进式税收引起了抵制税收的递进式增加。

三、实质平等理念在税收协定中的体现——非歧视性条款

"歧视"（discrimination）原本的含义是中性的，即"区分""分辨"等。区分要求存在两个或两个以上的人、物品或概念等。在我们这个有形的世界中，不存在完全相同的人、动物或实物，至少两者的

---

① Meussen G T K. The Principle of Equality in European Taxation [M]. the Netherlands: Kluwer Law International, 1999: 6.

位置总是不同的。所有的差异都可能构成差别待遇的基础。在现代语词中，"歧视"的中性含义几乎全部丧失，现在该词只适用于歧视对象被给予较少而不是较多优惠的情形。另外，该词还意味着差别待遇的根据是不合理的、任意的，或者是不相关的。一种区分是否是不合理的或是不相关的属于主观判断的问题。① 这种判断随时而异，因地而异。

"非歧视性"是不利和任意的差别待遇的反义词，由于它对平等原则的维护而通常被视为一个基本理想。然而它的具体含义，特别是有关标准的问题却有些含混不清。在确定人的平等或不平等时，亚里士多德著名的分配正义的概念——平等之事物平等对待，不平等之事物按其相应比例不平等对待，回避了哪些差异对于所涉及的判断是相关的、哪些差异是不相关的问题。②

因此，禁止不利的和任意的"歧视"并没有固定的、一成不变的内容，因为所区分的事物性质与区分的基础是否相关是由主观决定的。如果一个法律性非歧视条款没有被特别的定义（例如，该条款禁止"歧视"但没有指出所禁止的差别待遇的基础）作为公共判断的喉舌，法庭必须使用一种既定事实或情况作为判断差别待遇是否构成歧视的基础。

（一）基于国籍的歧视

《经合组织范本》第 24 条规定：缔约国一方国民在缔约国另一方负担的税收或者有关条件，不应比缔约国另一方国民在相同情况下，负担或可能负担的税收或者有关条件不同或比其更重……国民包括个

---

① Kees Van Raad. Nondiscrimination in International Tax Law [M]. the Netherlands: Kluwer Law and Taxation Publishers，1986：30.

② 同①，46.

人以及法人、合伙企业和组织……

非歧视性条款看上去似乎应该有着广泛的影响力。然而，一般说来，此类条款很少得到法庭的关注。此类（国籍）非歧视性待遇的条款很少被有效使用的关键原因可能是它建立在国民身份而非居民身份的基础上。

除了双重居所以及政府服务条款中提到国籍之外，非歧视性条款是《经合组织范本》中唯一提到国籍的地方。^① 基于国籍的税收非歧视性条款首次出现在 1958 年欧洲经济合作组织（OEEC）的报告中，该报告提到其他商业条约中的非歧视性条款。1977 年的《经合组织范本解释》也提到 19 世纪的友好和贸易条约中使用了非歧视性条款。也许因为该条款起源于非税收条约，用国民身份标准来确定是否存在歧视的规定很难在税收中适用，特别是在国民被如同居民一样对待的国家。多数情况下，税收待遇取决于居民身份而非国民身份。虽然许多国民同时也是居民，然而无论是《经合组织范本》，还是几乎所有的税收协定中，这两个词的含义并不一致。^②

不过，仍然有些学者对于非歧视性条款的区分建立在国民身份基础上的做法持赞同意见。如艾弗里·琼斯等学者认为，由于《经合组织范本》是在对于居民和非居民区别对待的基础上发展而成的（如对于非居民征收预提所得税），因此，禁止给予协定缔约国另一方的居民歧视性待遇的条款一般来说过于宽泛，除非该条款能够将投资所得排除在外。凡·拉德教授对非歧视性条款的评价颇低，他认为"现行

---

① 也许有些人会期望使用居民身份而非国籍作为所禁止的歧视的基础，像国际联盟制定的墨西哥和伦敦协定范本草案中所规定的那样。但是只有南斯拉夫和俄国一般在它们的税收协定中采用基于居民身份的非歧视性条款，另外在一些较早的协定中有时也采用基于居民身份的非歧视性条款。

② 一般来讲，一个人不是税收协定意义上的"居民"，除非那个人由于符合一定的标准而在该国纳税，这些标准包括居所或管理场所。另外，如果一个人同缔约国双方都有联系，那么他（她）一般通过关系断定法（tie－breaker）被视为一方或另一方的居民。

（《经合组织范本》中的）条款缺乏明显的结构和哲学基础”，但他对以国民身份作为区分歧视性待遇的做法给予肯定。他评论道，虽然使用国民性质作为非歧视的基础“有时被认为是过时的做法”，但事实上经合组织这样做是明智的，因为以居民身份作为征税基础的国家不会想使用非居民身份作为歧视的理由，因为管辖权的分割“本身就是歧视性的，因为它进行了区分”①。

《经合组织范本解释》禁止消极歧视，但它允许积极歧视，即有利于另一国国民的所谓歧视，尽管“其他更重的税负”可能本来是相反的意思。“不同的税收”指的是不同于向本国国民征收的税收。“更重的税收”则指的是所征税收的数量。这句话总的意思是，虽然没有什么可以阻止征税国向另一国的国民征收较轻的同种税收，但它不能征收不同的税种，或在不同的场合征收同一种税，即使所征收的税负较轻。《经合组织范本解释》允许积极歧视使我们很难认为，在国籍作为唯一的征税标准的 A 国，不是 A 国居民的 B 国国民与 A 国国民不是处于相同的情境中。由于没有对 B 国国民在世界范围的收入进行征税，A 国只是实行有利于 B 国国民的积极歧视。那么，在两国国民之间的比较是可能的，所有给予 A 国国民的利益也应该给予 B 国国民。然而，我们很怀疑按照这种逻辑推导出的结论是否符合该条款的本意。

（二）非歧视性条款的目的

国际税收中的歧视是一个众所周知的现象，过去由于市场相互之间的依赖性并不是很大，再加上各国经济有很强的自主性，所以这个问题并没有凸显出来。随着市场全球化的发展以及经济体之间的依赖

① Kees Van Raad. Nondiscrimination in International Tax Law [M]. the Netherlands: Kluwer Law and Taxation Publishers，1986：255.

性增强，国际税收中的歧视性问题变得越来越重要，也更具有相关性。以下将讨论非歧视性条款与典型的双边所得税协定中其他内容的关系以及非歧视性条款的目的。非歧视性条款的两个目的被提及：对于一国国民的一般性保护以及作为避免免除双重征税宗旨的具体的支持性条款。

税收协定可以看成由分别追求不同目的的协定条款组成。各条款之间并不必然相互依赖，可以有自己独立的解释。我们可以认为在有的情况下协定条款对于所适用的税种和人具有独立性，因此有必要分析非歧视性条款的制定历史。

非歧视性原则的出现先于典型的税收协定。它大量出现于 19 世纪国家之间缔结的不同种类的协议中，如领事协议、友好协定或通商协定等，目的是使其国民，无论身为哪国居民，都能享受外交保护。有些非歧视性条款就是为了使缔约国一方赋予另一方国民与本国国民平等的待遇。这类条款随后也出现在双重征税协定中的事实丝毫没有影响税收协定最初的管辖权范畴。

1943 年于墨西哥城及 1946 年于伦敦，国际联盟的财税委员会在避免双重征税的国际条约范本中均写入了包含对外国人非歧视性待遇的条款。1948 年欧洲经济合作组织成立，当欧洲经济合作组织的原初目标实现之后，[①] 该组织随之转变成经济合作组织。经济合作组织财税委员会制定了避免对于所得和利润的双重征税的协定范本。在财税委员会向欧洲理事会提交的范本草案中包含有反税收歧视的内容。

非歧视性原则保护缔约国所有国民（不管他们的居所在何处）的目的应该得到维持，所以，应该保持该原则相对于其他协定条款的独立性。在解释非歧视性条款的目的时，经济合作组织财政委员会声称

---

① 该组织的目的是鼓励欧洲的经济快速重建，并消除国际贸易和资本流动的障碍。

成员国遵循不歧视国民身份的原则对于发展国家之间的关系极为重要，应当清楚地写在双重征税协定中。[①] 协定中的非歧视性原则的角色之一是保证一国国民在另一国不会受到任意、不公的待遇。

与认为非歧视性条款具有独立存在意义的观点不同，有些学者认为非歧视性条款可以被视为"避免双重征税协定的支持性条款"，双边税收协定建立在非歧视性原则的基础之上，税收协定的目标是排除歧视，即排除双重征税。[②] 然而，如果作为协定的支持性条款，非歧视性质在消除双重征税的话，那么它本身在这一点上的局限性也暴露无遗。有一点很清楚，非歧视性条款只是对于来源国施加限制，税收协定中的非歧视性条款只为居民国的利益服务，非歧视性条款只对来源国施加义务。如果居民国歧视或偏向从某个来源国取得的收入，税收协定将无法阻止。不过，非歧视性条款只对来源国施加义务的方式反映了《经合组织范本》以及大多数税收协定资本出口的中性偏向。限制来源国的征税歧视对于非歧视性概念整体不具有特别的意义。

也许更重要的是，双边税收协定鼓励自由贸易的角色和作用超过了一般性的对于国民的外交保护的作用。因此，如果非歧视性条款最初和现在都旨在鼓励，而不是强制，对于非国民的平等对待，显然缺乏效力，不值得遗憾。也许，它更适合作为推进自由贸易的工具。有的学者认为，不管就一般的非歧视概念来说，还是就税收协定中的非歧视性条款而言，"非歧视性"并不是一条税法规则或原则。确切地说，它是税收协定的起源和根本目的，即避免税收引发贸易和商业活

---

① 在税收以外的领域中，一般认为如果它们共同同意给予外国人的待遇类似于给予国内居民的待遇，那么两国之间的政治和经济关系将得到改善。

② Warren A C. Income Tax Discrimination Against International Commerce [J]. Tax Law Review, 2001 (54): 131.

动的扭曲。进一步来说，消除贸易障碍是非歧视性条款的根本目的。[①]
如果用现实主义的理论来审视，这种观点显然有相当大的说服力，
或者说现实性，这也是本书作者所赞同的观点。尽管，起初非歧视
性条款的目的在于保护国民在另一国享受到国民待遇，并发展两国
间友好关系，但将该条款放置到税收协定中之后，显然要受到税收
协定宗旨的整体支配，不能脱离消除贸易障碍来谈它的根本目的。
由于歧视对于贸易活动产生的负面影响，因此应当尽量避免。在实
践中，各国其实也很少关心其国民在贸易以外的领域受到的税收
待遇。

非歧视性条款尽管由于人们怀有的善良愿望而被包括在税收协定
中，但在实践中无法有效地发挥作用，无法实现本身被寄予的期望。[②]
当税收与国际贸易制度放在一起考虑的时候，没有什么原则可以支持
目前国际商业中对于税收歧视的反对。我们期待着非歧视性条款在有
效性上的改进，这需要经济合作组织以及各国的国际税法专家对一些
问题做进一步澄清。尽管如此，税收协定中包含非歧视条款的事实本
身说明了平等原则在税收领域的重要性，因此尽管该条款存在诸多弊
病，仍然能在艰难的环境中存活下来。

物质世界影响着我们的观念和心灵世界。非歧视性条款的存在对
于人们心理和看待世界的方式不可避免地起着再塑作用。它所蕴含的
宝贵的非歧视性和平等原则作为人类所珍视的美好愿望潜移默化地构
筑人们的内心世界。我们怎样看待不同国籍的人影响着团结目标的实
现？非歧视意味着把他国人看成与我们自身同样的人，享有与我们同

---

① Lewin R，Wilkie S. Non－discrimination Rules in International Taxation －Canada［M］//
in Cahiers de droit international，International Fiscal Association v. LXXVIIIb. Deventer，The
Netherlands：Kluwer Law International，1993：365－366.

② 例如，J. F. 艾弗里·琼斯认为，税收协定中非歧视性条款的大部分效果来自从未
执行过的法规，那么依照他的观点，确定非歧视性条款的有效性实际上是不可能的。

样的权利和利益。它还意味着人们可以突破地理局限，在经济和其他领域充分利用其他国家的资源和机会，在他国自由地追求自身的发展。这将帮助消除人们一直对他国人所持有的偏见，协助人们在另一国土上在经济和其他领域取得发展和进步，促进人类社会的团结和繁荣。

如果非歧视性条款在国际税收中是协定缔约双方友好关系的一种表现，那么它理应具有更广泛的影响力。它应该被理解为一种鼓励给予非国民可能的最好待遇的机制，但前提必须是居民国愿意给予这种待遇。然而，如果认为非歧视性条款似乎实际上给予国家歧视非国民的能力，这也是有一定道理的。非歧视性条款是一种鼓励，而不是强迫给予平等待遇的手段。

第三节　禁止协定滥用原则的正义性

禁止对协定权利的滥用是公平正义的内在要求。"诚实是一切美德的基础"作为一条不证自明的箴言被广为传诵。人类世界的方方面面都建立在诚实守信的基础上，没有诚实这种美德作为坚实的根基，那么人类文明的大厦便岌岌可危。正义作为人类无数世代以来一直希冀的美德，同样需要诚实做基础。而对税收协定的滥用的禁止，其实就是否定税收协定的虚假适用，否定纳税人的不当得利，这与我们讨论的税收协定的正义性息息相关。如果任由税收协定被纳税人滥用，这无疑践踏了缔结税收协定原本的避免双重征税以及双重不征税的宗旨，也无法实现税收协定公平地分配利益的功能。

一、税收协定滥用禁止与诚实信用原则

在国际法中，诚实地履行条约和协定是缔约国不可缺少的义务。《维也纳条约法公约》第 26 条规定了条约必须被遵守（pacta sunt servanda）是条约法的基本原则之一，即"生效的每一个条约对于缔约国都有约束力，缔约国必须在诚实信用的基础上履行条约"。现代国际法之父格劳秀斯（Hugo Grotius）认为，"条约必须被遵守"是国际法最基本的和最不可缺少的原则。这里遵守条约意味着诚实、守信地履行，它排斥任何以获得条约所赋予的利益为目的的投机取巧行为。否则，不仅协定对国家来说毫无实际用处，协定的违反和滥用还将使各国彼此之间极度冷漠，或陷入无休止的战争状态中——那是最为可怕和凄惨的一种场景。因此，诚实信用改为守信地履行协定的意义重大，对此义务的违反将带来种种危险后果，众多人的幸福安康可能化为乌有。如果道德还没有强大到足以使缔约者自觉履行协议的话，那么法律必须在字面上将这种义务固化，即防止法律被违背和被滥用，以强制的力量来保证契约的神圣性。

主权者和平民毫无例外的都要履行诺言，并忠诚于所缔结的协议。换个角度来说，就是要求主权者和平民履行诺言，不可以违背和滥用协议。不管人们何时缔结何种协议，人的社会属性要求这些协议必须得到诚实的履行。如果缺乏这种保障，那么人类本可以从义务的相互交换中获得的大部分利益将损失殆尽。这是自然法中最神圣的信条，也是人类生活因之具有优美风姿以及合理性的信条——"每个人应信守其诺言"。滥用税收协定的行为违背了诚实信用的国际法原则。禁止滥用税收协定条款保证了协定得到诚实的履行，保护着缔约方对条约的期望不至于落空。这对于缔约各方是正义的、适宜的、公平

的，因为它保持了一种"中道""和谐"和"均衡"状态，各缔约方做其分内之事，正确地履行其职责，国际社会从而能够拥有"和谐"的税收秩序。因此，滥用税收协定权利的禁止体现了分配正义，它严格地保障了各国纳税人得到协定所规定的权利和利益。如果没有这条原则的保障，那么税收协定所致力达成的利益分配局面将无法实现，税收协定可能沦为某些人投机取巧获取大量不合法税收利益的工具。

纳税人有时通过对法律的虚假适用取得一定的税收利益。这种对于法律的虚假适用严重违背了法律的精神——税法的一个主要目标是制止和惩罚纳税人通过违反法律精神的虚假安排来取得税收利益和减少税收债务的行为。不过这往往指的是国内税法反滥用的情形。[①] 在任何国家的税收体制中，逃避税收都是一个很严重的问题。如果避税成功的话，它将导致大量的税负由那些没有能力进行避税筹划的人如普通雇员等来承担。各国为控制避税行为而采取的种种措施大量增加了体制成本。大多数国家的税收立法都对反避税行为进行了明确规制。有些国家的立法规定了一般性的反避税规则，多数国家的法院都确立了司法上的反避税原则。然而税收协定中滥用禁止的原则是最近几年才确立起来的。

"权利的滥用"可以被定义为以某种方式使用权利，其所要达到的目的与立法者的意图相反。税收协定权利的滥用是通过对税收协定的虚假适用来获取一定的税收上的利益。协定购买（treaty shopping）是滥用税收协定的形式之一，即纳税人利用本来无权使用的协定来获得保护和取得协定利益。协定缔约国的居民纳税人根据该缔约国与其他缔约国家之间签订的税收协定自然应当享受某些税收利益。由于税收协定是缔约国双方在它们特殊的经济甚至政治关系的基础上谈判达

---

① Jiménez, Martín J, Adolfo. Domestic Anti – Abuse Rules and Double Taxation-Treaties: a Spanish Perspective – Part I [J]. Asian Pacific Tax Bulletin, 2002 (11): 542.

成的，不同的税收协定中所包含的税收利益可能有所差别。当第三国的居民通过某种刻意的安排享受该缔约国与另一个缔约国之间签订的税收协定中所包含的税收利益（如果该缔约国与另一个缔约国之间的税收协定包含着比第三国与另一缔约国之间签订的税收协定更大的税收利益），这就是协定购买。① 协定购买通常与导管公司或基地公司的设立相联系。设立导管公司的主要目的是享有所"购买"协定中较低的预提所得税税率。与设立导管公司不同，基地公司的设立是用来获得居民国的税收减免（reduction）或延迟，同时还可能是为了享有来源国较低的预提所得税。

滥用税收协定的形式还包括规则购买，规则购买不涉及有关税收协定的主体，但涉及其客观方面，例如将股息转变成资本利得或利息。协定购买和规则购买等行为模式与避税行为很接近。税收协定的滥用并不限于协定购买和规则购买。有些人（或公司）还可能设置了一系列连环的或虚造的公司结构，通过滥用缔约国的国内立法来享受某些协定利益。而某些结构之所以被设置是因为这些商业交易的运作在缔约国内缺乏透明性。

二、经合组织关于反滥用规则的态度变化

由于国家必须在诚实信用的基础上履行协定，人们可以合理地怀疑其居民拥有滥用协定的权利。在相关的国际法中，禁止协定的滥用是非常清晰的规则。《有关国际法院的联合国法规》第 38（1）（c）条指出，"文明国家所承认的一般法律原则"是国际法的渊源之一。一

---

① 可以拿一个具体的例子来说明协定购买：纳税人利用了不同税收协定中所规定的不同的预提所得税税率从而缴纳较低的预提所得税，然而，如果纳税人直接适用其居民国与另一国之间的税收协定则根本无法获得这些税收利益（或者该居民国与另一国之间并没有签订税收协定因此纳税人无从获得这些税收利益）。

些法学评论家认为，由于在某种意义上所有的国家中都存在禁止权利滥用的概念，并且通过国际法庭的判例以及各国的实践在国际上被广泛承认，所以禁止权利滥用的概念符合《有关国际法院的联合国法规》第 38（1）（c）条的要求。因此，这个概念应该被适用税收协定的税务当局所承认和适用。

问题在于税收协定中是否必须有明确的反滥用规则。经合组织财税委员会在此问题上的观点经历了一个变化的过程——开始，该委员会认为税收协定中必须有明确的反滥用规则，否则必须向纳税人兑现税收利益；逐渐的，该委员会承认可以诉诸国内法的反滥用规则来解决税收协定滥用的问题。这其实是承认了实质重于形式的原则。该财税委员会原本的观点实际上是否认更广泛的（国内）反滥用规则在税收协定中的适用，而只承认税收协定中规定的极为有限的反滥用条款的适用。

经合组织态度的变化过程体现在 20 世纪 80 年代经合组织财税委员会发布的几个报告的内容中，以及 2003 年《经合组织范本解释》修订前后的版本中。1977 年《经合组织范本》被修订之后，经合组织财税事务委员会在 20 世纪 80 年代发布的几个报告体现了该委员会对于税收协定滥用的新的观点，其中有的观点认为在适用税收协定时可以采用国内法中的反滥用规范。

1987 年经合组织发布的《双重征税协定和导管公司的使用报告》（以下简称《导管公司报告》）似乎赞同在协定被滥用的情形下适用税收协定。在设立导管公司以获取协定利益的问题上，经合组织对于国内反滥用条款的适用采用了形式主义的立场。但在 1987 年的《双重征税和基地公司的使用报告》（以下简称《基地公司报告》）中，经合组织则赞同在税收协定中应用国内反滥用规则。《基地公司报告》似乎对于在税收协定中适用国内反滥用规则比在《导管公司报告》中持更开放的态度，不过经合组织的结论只局限在这些基地公司中。1987年的《资本弱化报告》允许适用国内法中的资本弱化规则，但它们受到税收协定一些条款的限制（如《经合组织范本》第9，10，11和24条）。有关资本弱化的国内立法不能违背这些条款。在国内法中没有资本弱化规则的情况下，该报告承认可以通过应用禁止滥用原则或"诚实信用"原则来达到同样的效果，但是财政事务委员会拒绝对此有更详细的阐述。

在1987年的报告中，经合组织财税事务委员会事实上认为诚实信用规则暗含的意思是，如果协定中没有反滥用条款，就必须向纳税人提供协定利益，即使这并不合理。[①] 在随后的报告中，财税事务委员会认为"必须在诚实信用的基础上履行条约"的表述意味着国家适用协定条款是受国际法约束的，然而，适用协定条款的具体条件属于各国自主决定的事务。[②] 这可以解释为要求各国尊重协定的字面意思，但不强求一定要尊重协定目的。滥用协定的交易常常令协定目的受挫。从以上可以看出，财税事务委员会1987年的报告似乎将各国执行协定的义务局限在对协定字面意思的尊重上。

在1992年的《经合组织范本解释》中，经合组织将国内法的反滥用规则与税收协定之间的关系总结如下：大部分经合组织国家认为税收协定内含"诚实信用"原则，因此，在税收协定中不必有明确的反滥用规则的表述；国内法中的反滥用措施，如控股公司规则（外国控股公司规则）和其他用以对抗滥用税收协定的措施与税收协定的精神没有冲突。不过，各国普遍认为如果没有滥用协定的清楚证据，各国必须履行税收协定所规定的义务；反滥用措施必须与协定的目的相

---

① OECD. International Tax Avoidance and Evasion：Four Related Studies，Issues in International Taxation［M］. Paris：OECD，1987（1）：101.

② OECD. Tax Treaty Override［M］. Paris：OECD，1989：10.

一致，并且不能造成双重征税。

1977 年经合组织所持立场可能还过于形式主义，而现在经合组织在国内法反滥用规则在税收协定中的适用问题上的看法（对《经合组织范本》第一条的解释）则有着更大的灵活性。不过，仍然有些学者认为经合组织的立场并不是很明确，它在范本第一条的解释上一直是摇摆不定的，令人难以捉摸。例如，《经合组织范本解释》中有关导管公司的内容仍然受着 1977 年《经合组织范本》及《导管公司和违反税收协定的报告》中形式主义观点的影响，而在其他的协定购买案例（如基地公司）中则持较灵活的态度。但我们可以认为，尤其在基地公司问题上，经合组织改变了它起初的形式主义立场，以使《经合组织范本》与一些国家所采纳的国际做法相一致，即认为控股公司规则或更一般的反滥用规则适用于基地公司，即使有关的协定中对此没有特别的规定。

随后，经合组织在 1998 年发布了题为《有害的税收竞争：一个逐渐兴起的全球性问题》（以下简称《有害的税收竞争》）的报告。在这篇报告里，经合组织攻击了避税港和高税收国家实施税收优惠的做法。《有害的税收竞争》报告建议对协定进行修改，以对抗有害的税收行为，包括与避税直接相关的两个建议。首先，报告建议修订协定，否定或限制有害的税收行为主体获得协定利益；其次，《有害的税收竞争》报告建议《经合组织范本解释》对此进行澄清，去除有关国内反滥用措施与税收协定相容性的任何模糊或不确定之处。①

然而，令人遗憾的是，尽管经合组织在《经合组织范本解释》和所发布的有关报告中对它的立场进行了澄清，但税收协定中对于避税问题一直很少提及。《经合组织范本》包含着的一些条款，如受益人

---

① OECD. Harmful Tax Competition: An Emerging Global Issue [M]. Paris: OECD, 1998: 58−59.

规则，可以视为一条具体的反避税规则。1963 年和 1977 年的《经合组织范本》开始把免除双重征税和避免逃税列为税收协定的目的。但范本所提到的逃税只限于欺诈或触犯刑法的逃税，而不包括与逃税在程度上有所差异的避税概念。关于新增的税收协定目的的表述不构成协定适用的一般性反滥用规则。因为协定滥用情形往往指的是避税现象。而 1997 年的《经合组织范本解释》与 2000 年的《经合组织范本解释》并不认为税收协定担负着反避税的任务，它们的观点如出一辙。

税收协定的目的在于通过消除国际双重征税，促进货物和服务的流通，以及资本和人员的流动；然而，它们不应该有助于避税或者逃税的行为。尽管有税收协定的存在，纳税人仍有可能对各国不同的税收水平以及不同的税法制度所提供的税收利益加以利用。然而，对此类行为进行防范的应当是国内法。国家有责任在国内税法中做出相应规定，防范此类行为的产生。

可以说，2003 年之前，《经合组织范本解释》对税收协定中的避税问题的处理一直是模棱两可的。2003 年之前，关于第一条的解释声称税收协定不应有助于避税行为，这与明确说明税收协定的目的之一是避税的意义是不同的。事实上，有些人据此认为税收协定可以容忍避税现象，除非税收协定中包含有明确的反避税条款。而在没有明确的反避税条款的情况下，就应根据税收协定条款的字面含义给予纳税人协定利益，即使有些交易的目的纯粹就是获取协定中的税收利益。

2003 年 1 月，在修订了的《经合组织范本解释》中，经合组织澄清了税收协定和国内法反避税规则的关系，以及税收协定的滥用的问题。[①] 2003 年的《经合组织范本解释》修订了对于第一条的解释，对

---

① 2003 年之前的《经合组织范本解释》认为，如果发生了国际避税的现象，税收协定应适用国内法中的反避税规则。

于避税问题采取了与以往完全不同的进路。它以简洁、直接的语言指出，税收协定的目的之一是防止避税——"税收协定的目的之一是防止避税和逃税"①。对税收协定目的的澄清直接影响到协定的解释和适用。《维也纳条约法公约》第 31 条要求对协定的解释建立在诚实信用的基础上，并且在进行协定解释时应考虑协定的宗旨和目的。对双边税收协定的解释就必须考虑协定防止逃避税收的目的。因此，根据《维也纳条约法公约》，对于税收协定进行解释时要防止协定本身被滥用，同时还不应妨碍国内反避税规则的适用。②

之前，经合组织财税委员会的解释将《维也纳条约法公约》第 26 条所确立的诚实信用原则局限在对于协定字面意思的尊重上，现在它被新的范本解释所超越，或者至少受到新的范本解释的限定。在经合组织对《经合组织范本》关于第一条的解释做了改动之后，之前的财税委员会有关反滥用条款的观点（即诚实信用原则意味着反滥用措施必须包含在协定中，否则必须给予协定利益）可以被弃置不用。新的范本解释规定国家可以诉诸国内法反滥用规则以对抗对于协定的滥用，并且，国内法反滥用规则与税收协定之间一般不存在冲突。这实际上等于承认了国内法中的反滥用原则在税收协定中的适用。

三、设立明确的反滥用条款

在国际交易和各种各样的安排不断增加的背景下，避税问题变得愈加扑朔迷离。其他国家和本国税收体制相互之间的交叉，以及不断

---

① 虽然《经合组织范本解释》承认税收协定的主要目的是通过消除双重征税来促进国际贸易和投资，这并不是在否定其他辅助性的目的。

② 《经合组织范本解释》中提到有些国家将《维也纳条约法公约》第 26 条和第 31 条解释原则（诚实信用和考虑协定的宗旨和目的）相结合，得出国内法反滥用措施与协定目的相一致的结论。

扩展着的双边税收协定网络为纳税人带来避税上不断增加的机会。此外，金融市场的全球化、国际贸易和投资障碍的减小，以及复杂的金融产品的发展都增加了避税机会。同时，尽管经合组织最近做了限制银行秘密和使双边税收协定中信息交换条款更加有效的努力，各个国家搜集外国管辖地的信息以便发现国际避税的能力仍然颇为有限。这客观上要求税收协定发挥其整体协调的作用，对滥用税收协定和避税的问题进行明确、切实的规制。

尽管大多数国家的协定中只有少数反避税条款，如受益人概念等（美国与其他国家签订的税收协定中还有利益限制条款），但在解释税收协定时可以适用国内法的反滥用规则以对抗逃避税收的情形。那么是否有必要在税收协定中设立明确的反避税条款呢？从正义的角度上看，如果禁止滥用税收协定以获取税收利益是捍卫公平正义的表现——如果不制止对于税收利益的巧取豪夺，无疑无法使利益在两国间得到公平分配——那么这种抽象的理念是否有必要以条款的形式具象化呢？换句话说，正义是否应在此处现身，而不是以潜在规则的形式发挥作用呢？

对此学者们有不同的看法，著名的国际税法教授沃格尔和沃德的观点比较具有代表性。沃格尔教授认为税收协定中应该设立国际反避税条款。具体来说，应该根据一项交易的性质，也就是实质来判断它是否构成虚假交易，而不是通过它的形式来判断。这个被所有文明国家所承认的一般原则应该在税收协定中得到应用。适用税收协定时产生的国际法义务受到国际法中的"诚实信用"原则的限制，即如果缔约国一方不能合理期望缔约国另一方本着诚实善意的态度适用税收协定，则该税收协定不应该被适用。①

---

① Vogel Klaus. Klaus・Vogel on Double Taxation Conventions [M]. 3rd ed. London, The Hague, Boston: Kluwer Law International, 1997: 89 - 95.

沃格尔的观点遭到沃德的批评。沃德认为在反避税规则上达成合意是一种乌托邦设想，特别是如果这个过程不是在经合组织的领导下的话。沃德认为，沃格尔的立场是在国际税法中建立起统一的反滥用原则（反滥用原则不应因国家不同而不同），但是这个立场纯属乌托邦式的，并且很难实行。国际公法对这个问题的阐述很少（除了税收协定应当以诚实信用为原则进行解释和执行），而经合组织也没有完全解决这个问题。在许多国家里，评估税收负担属于国内法的范围，而不属于协定的范围。反滥用规则是这种评估的一部分，它们在每个国家的情况都不一样。因此，很难认为在所有的税收协定里反滥用门槛都是一致的，因为一个特定协定里的反滥用标准取决于两个国家关于滥用的概念。即应该承认每个协定里的反滥用标准的相对性。确定该标准要求比较国内法的反滥用规则，正确地解释协定。甚至可以说，将复杂的反滥用条款添加到税收协定（每个国家中的情形都不一样）中的现行趋势导致了税收协定中的反滥用门槛的相对性。

本书作者认为，尽管协定有防止避税的目的，并且国内反避税规则在协定中得到适用，协定中仍然需要有具体的反避税条款。一方面，这是对国际法"诚实信用原则"在国际税法中适用的明确阐述；另一方面，从实践的角度讲，当具体的避税技术被发现之后，特别是当一个国家的国内反避税规则不足以应付这种避税问题时，协定中包含具体的反避税规则就变得确有必要了。我们完全承认反避税门槛的相对性问题，但两个国家可以在进行谈判时以灵活的态度加以处理。

只有当经合组织带头对国内反滥用条款和税收协定之间的互动给予理论上清晰的、连贯一致的阐述，或者经合组织对"诚实信用"的原则进行阐述，在这个问题上才可能达成更多的共识。在

《经合组织范本》上添加一条关于反滥用的条款将会是很好的解决问题的措施。

关于税收协定中添加具体的反滥用条款，成功的例子是美国税收协定中的利益限制条款（Limitation of Benefits）。美国在与其他国家签订的税收协定中使用了它所发展的反滥用条款。该条款最新的版本出现在 1996 年的《美国税收协定范本》中。第三国居民在缔约国中设立法律实体，其主要目的是得到美国与其他缔约国签订的税收协定的利益。该实体通过这种"协定购买"而获得的协定利益是第三国居民本来没有权利获得的。然而，并不是第三国在协定合作国所设立的每一个实体都被包括在这种所禁止的"协定购买"范围之中。如果第三国居民有有效的理由设立实体，而它也并不是为了获得协定利益而这么做的，那么该实体就不被包含在上述定义的范围之内。这意味着有必要检查纳税人设立实体的真实意图，因此利益限制条款特地设置了一系列的客观测试条件。① 然而，即使条款中的测试能够分析出纳税人的真实目的，但这些机械性的测试无法穷尽纳税人没有购买协定的所有情况。因此，该条款中特别授权缔约国的有关机关在一定的情况下授予纳税人依据本条款本来无法获得的利益。

四、反滥用规则违反了对自由的期待

还有一个值得讨论的问题是，国内法反滥用规则在税收协定中的适用是否有时候会构成对正义的另一个层面——自由的违反。反滥用

---

① 利益限制条款包含一系列的测试，如果纳税人不能满足第一条测试的要求，那就检查他是否符合第二条测试的要求。如果还不能满足，那就依次再检测第三条，依此类推。这些测试内含的假设是纳税人的商业结构安排具有有效的商业目的，这个商业目的超越其他获得协定利益的目的。

是对诚实信用原则的遵守，由于诚实信用被视为正义的基石，因此反滥用原则的适用无疑构成正义制度的前提。

不过也许我们的讨论并不完善。第二章我们曾提到，正义包括两个层面：一是公平，二是自由。如果诚实信用可以算作公平之内涵的话，那么我们现在要讨论的是反滥用是否符合自由的要求。

外国控股公司规则是许多国家都采用的反避税措施，主要是防止外国控股公司对税收协定的滥用，特别是一个国家的居民利用外国基地公司以逃避在该国的税收。外国公司的所有或部分收入属于控股的居民母公司或在外国公司拥有相当大利益的居民纳税人。2003年的《经合组织范本解释》澄清了外国控股公司规则和税收协定之间的关系。它声称，外国控股公司条款被"国际上普遍认为是保护国内税基的合法工具"。因此，外国控股公司规则并不违背税收协定条款，各国也没有必要在协定中特别保护外国控股公司规则的适用，虽然有些国家已经这么做了。

尽管如此，许多国家的国内法中仍存在外国控股公司规则，甚至《经合组织范本解释》对于外国控股公司规则的认可并不必然说明外国控股公司符合正义的要求。外国控股公司规制所引起的潜在问题可以从公司的自由角度来分析。公司在另一个成员国的控制利益属于公司设立自由的范围，因为如果跨国利润和股息的支付受到限制的话，公司的设立自由很容易受到影响。外国控股公司规则的适用引起了违反自由的可能性，不过自由权并不是绝对的。我们必须考虑在现实中自由受到很多因素的制约，绝对的自由只能导致无秩序和混乱，甚至毁灭。在欧共体法院，对抗对于协定的滥用经常被作为引入外国控股公司原则的一个动机和可能的合理化解释。协定的滥用可以导致欧共体法律所保护的基本自由不再被适用。因此，禁止协定权利保护了正常的国际税收秩序的存在，该项原则并没有违反对于自由的永恒追求，相反它实质上是在保护协定所追求的自由——让企业和个人在跨国活动中得到更大自由的实现。

另外，还是回到我们讨论的起点上——反滥用条款从根本上讲是建立在诚实信用原则以及分配正义的基础上的，国内法某条反滥用规则违反自由的可能性不能否定诚实信用原则的重要性和普遍适用性，所以在整体性上我们认为该原则符合正义性的要求。

第四章 税收协定制度和机制的正义性

税收协定的一些条款组成了税收协定在现实中进行运作的制度和机制。这些制度和机制同样可以是正义性的体现，这里仍然需要借助我们所提出的正义原则的检验。《经合组织范本》第 3（2）条作为连接税收协定与国内税法的桥梁，充分尊重了各国税收体制差异很大的现实，赋予各国适用税收协定一定的自主权。信息交换制度帮助履行协定宗旨——防范和打击逃避税收的行为，与此同时，它还需直面纳税人隐私权与各国税务当局获取纳税人信息的可能造成的冲突与矛盾。而当两国纳税人在适用税收协定时出现问题和争议时，他们可以诉诸共同协商程序求得解决。共同协商程序的正义性直接影响着程序结果的公平和纳税人对它的信赖。

第一节 《经合组织范本》第 3(2) 条的正义性

正义的道德前提是自由。追求道德自主性，摆脱对他人或权威的依赖性是个体的神圣义务。自由意志是个体特殊性的真正来源。由于个体特殊性导致了个体之间的不可通约性，在这个意义上我们认为个体之间是平等的。正义并不意味着均等划一，承认个体性及其差异是正义的应有之义。《经合组织范本》第 3(2) 条实际上构筑了税收协定与国内税法之间的桥梁。因为它承认了各国税收制度的差异性，并努力使税收协定在不同的税收制度背景下能够得到顺畅适用。

现代国家被称为税收国家，丰足的税收收入支撑着一国的财政开支，确保国家各机构和各部门的平稳运作。离开税收，整个国家机器的运转将举步维艰，甚至可能被倾覆——税收制度可以决定一国的命运，事关主权，不可谓不重大，因此在涉及税制问题时不可以不深思。欧盟现在对各国税收还不能统一管理，而是留给各国作为其内部事务自己处理；统一直接税的目标迟迟提不上欧盟的议事日程。这都说明了欧盟在涉及税制和谐时持极度谨慎的态度。世界各国税收制度的差异由于是在复杂的历史环境中培植起来的，其制度的差异性存在着合理性。在讨论税收协定时我们必须正视这个问题，本着现实主义的态度来对待它。

很多学者认为依据国内法来解释协定术语，如《经合组织范本》第 3(2) 条所规定的——是不合适的，因为这样做的结果是同一个词在各个国家被赋予不同含义。然而，我们考虑问题的起点应是每个国家都拥有独特税法的事实，所以税收协定运作的起点是不同国家的税法对于同一个术语具有不同的含义。在大多数税收协定中，第 6 条至第 21 条是关于允许来源国对某些种类的收入进行征税的。那么，依据国内法解释进行的征税——每个国家的征税都是不同的——在各国将能够得以顺利进行。从这个角度看，在适用协定时，采纳各个国家对术语的不同解释不仅是明智的，也是必要的。重要的是使协定减免措施与各国国内法中的征税相契合，而不是在各国取得一致的做法。

一、《经合组织范本》第 3(2) 条的起源

《经合组织范本》第 3(2) 条主要解决的是税收协定如何与国内法发生关联，并在国内法中得到适用的问题。该条规定："关于协定在一个缔约国的适用，协定中没有定义的任何术语应该，除非根据情境另有其他含义，为了协定所适用税种的目的，具有当时该国法律中该术语的含义，该国税法中的含义优先于其他法律赋予该术语的含义。"

国际联盟早期的税收协定草案并没有针对任何收入类型的定义。墨西哥草案（1943）包含"可流动资本收入"（Income From Movable Capital）的定义，伦敦草案（1946）没有对不同的收入类型加以定义。这给征税造成了极大不便。

《经合组织范本》第 3(2) 条首次出现在 1945 年《美国—英国所得税和财产税协定》（US - UK Income Tax and Estate Tax Treaties of 1945）中。它与 1963 年的《经合组织范本》中的第 3(2) 条毫无二致。从那时起，该条款被英美法系国家广泛采用。最早采用该条款的大陆法系国家是法国，法国与美国 1946 年缔结的财产税协定中采纳了该条款。

1950 年，在两个大陆法系国家——荷兰和挪威之间缔结的协定首次出现了该条款。在这个阶段，似乎大陆法系国家一般同意将《经合组织范本》第 3(2) 条加入与一个英美法系国家缔结的协定中，但有时并不愿意在与另一个大陆法系国家缔结的协定中纳入该条款。因此瑞典在与英国的协定中（1949）使用了该条款，但在与荷兰的协定中（包括财产税协定）（1952）以及与比利时的协定中（1953）没有使用该条款。荷兰与比利时签订的关于对资本征税的协定中（1948）也没有使用该条款。但荷兰在同一年与美国和英国签订的协定中，以及与

法国（1949）或瑞士（1951）签订的协定中都使用了该条款。各国协定中所包括的定义有租金和特许权使用费、利息、股息、退休金和终生年金等，名目繁多。除非找到另外一种解决方案，否则协定中定义的术语会持续增加。

二、卓越的桥梁作用

在讨论《经合组织范本》第 3(2) 条之前，有必要了解该条款的性质。这类条款在国际法中被称为"解释性条款"（缔约国在协定中加入解释性条款为协定中的术语赋予含义）。它属于依赖性规范，本质上指向其他实体性规范。[①] 根据《维也纳条约法公约》，解释性条款为需要解释的协定术语提供了一种特别"情境"（context），通常它与协定的实体性术语存在某种合理联系。情境被用来阐明或影响一个词或术语的含义，因此一个条款也为其他协定术语提供一种"情境"。《经合组织范本》第 3(2) 条提供了许多协定术语的"情境"。

不过，对于《经合组织范本》第 3(2) 条的目的学者们尚持不同的见解。《经合组织范本》第 3(2) 条第一句话是"关于一个缔约国在任何时候对于协定的适用"，"适用"而非"解释"的措辞在解释性条款中是不常见的。据此，有的学者指出《经合组织范本》第 3(2) 条的功能受到了一定限制，其目的并非协定术语的解释。

艾弗里·琼斯等学者认为适用的含义更为狭窄，居民国适用协定只是为了根据避免双重征税，给予税收免除或者抵免，来源国则根据分类和分配规则适用协定。迪尔和沃德提出"适用"的意思是将法律、理论、一般性或比喻性的声明用于具体的案例，或实际事物中。

---

① 参见《经合组织范本解释》第 3 条第 11 段。

另外，《经合组织范本》第 3(2) 条指的是"一个缔约国的适用"，而不是"缔约国双方"，这对于解释性条款是很不寻常的。事实上，由于真实的解释一定涉及了缔约国双方，在这里只提及缔约国一方与国际法的一般原则及协定解释规则大相径庭，这构成了对认为《经合组织范本》第 3(2) 条是一般性解释条款的观点的严重质疑。①

然而，不可否认的是，《经合组织范本》第 3(2) 条是一个卓越的解决方案，即协定中减免的某种收入类型与国内税收法律条款中所定义的收入类型范畴完全一致。依赖于国内法的定义要比在各国签订的税收协定中对收入类型进行严格定义更为重要，也更容易操作。取代适用国内法定义的另一种选择是在协定中对收入类型进行定义。这看起来更具有对称性，但是它仍没有导致同一种收入在各国根据协定条款被征税或得到税收减免。② 进行征税的是国内法。还有个问题是如果协定的定义范围比国内法的定义范围更广的话，协定的定义将包含国内法中另一种类别的征税，而当向一个非居民征税时，这笔收入依据国内法可能被征税，也可能不被征税。如果协定的定义范围比国内法的定义范围更狭窄的话，国内法定义中多出的部分将属于协定中一个不同的收入类别。保持征税条款和税收减免条款范围的一致性是更为简单的做法，而这意味着适用国内法定义。

尽管如此，《经合组织范本》新方法并没有解决所有的问题。税收协定中的术语适用国内法的含义是后来发展起来的观念。在四个经济学家向国际联盟所提交的报告中，他们提出协定术语的不同定义将带来很大的问题，反对"收入来源的分类和分配"（即后来税收协定所采纳的方法）。他们担心的主要理论问题是"关于收入的经济学概

---

① John F. Avery, Jones. Conflicts of Qualification: Comment on Prof. Vogel's and Alexander Rust's Articles [J]. Bulletin Tax Treaty Monitor, 2003: 184.

② John F. Avery, Jones. The "One True Meaning" of a Tax Treaty [J]. Bulletin Tax Treaty Monitor, 2001(11): 220.

念是如此复杂，不同国家的法律法规中对于收入的定义是如此繁杂多样，（将使）这类税收（所得税）双重征税的问题比任何其他类别的税收都要更复杂"。但他们的建议当时并没有引起足够的关注。然而，在后来的税收协定适用过程中，正如他们所预料的，关于《经合组织范本》第3(2)条在居民国的适用曾经被争论了很多年。当居民国和来源国分别适用本国的税收法律规定时，对于收入类型的不同定义可能导致双重不征税。例如，《经合组织范本》规定来源国对某一类型收入享有排他性的征税权，因此居民国的国内法将收入划为来源国对之有着完全征税权的收入类型，而来源国的国内法将该收入归为另一种类型，对该收入类型它并没有征税权，这时就可能出现双重不征税现象。①

显然，这些负面的结果并不是《经合组织范本》的起草者所希望出现的，但是这些结果之所以出现显然是由于遵循了一定的解释方法，即解释《经合组织范本》第3(2)条的惯常方法，因此我们需要重新思考这种解释方法是否正确。《经合组织范本》第3(2)条规定："关于协定在一个缔约国的适用，协定中没有定义的任何术语应该，除非情境另有要求，为了协定所适用税种的目的，具有当时一国关于税收协定适用税种的税收法律中的含义。"该国法律中该术语的含义，该国税法中的含义优先于其他法律赋予该术语的含义。

对于多数情形而言，这里主要首先指来源国适用协定对某些类型的收入进行征税。但是反之，适用协定的居民国是否可以像来源国一样对收入征税则是一个多余的问题——居民国根本不应提出这个问

---

① 这是《经合组织范本》第19条和第20条中可能出现的问题。第19条是关于收入类型和纳税人类型的。对于前者，一种收入是属于"工薪（salary）、劳务报酬（wage）和其他类似的报酬"，还是属于自我雇佣收入或退休金的问题，不同的国内法可能相互之间存在冲突。国内法不太可能确定所付的报酬或退休金"是来自对该国或（政治）机构或（当地）权威的服务"还是"来自与该国、机构（subdivision）或当局（authority）从事商业活动有关的服务"。

题，它只需关心对于来源国的收入给予税收免除或抵免。在这种构想下，对收入进行分类是来源国的事务，居民国只对来源国的征税是否与协定相符有发言权。在居民国中，有关协定的问题不是是否征税的问题，那是国内法的问题，涉及协定的问题是给予税收免除还是税收抵免的问题。

如果我们这样说是正确的，即来源国有适用国内法的优先权，居民国必须遵从那种适用，这似乎是最符合逻辑的解释，那么就不会有对于《经合组织范本》第3(2)条招致双重征税或双重不征税问题的批评。当然居民国在国内没有必要也依照来源国的分类标准进行征税，它只需尊重来源国按照本国法律征税的权力。关于这个问题还可以从"(《经合组织范本》)第3(2)条与税收协定的宗旨和目的的关系"的角度讨论。

三、静态解释与动态解释

《经合组织范本》提到需要参照国内税法来确定协定术语中的含义。国内税法当然可以借用一般性法律中的含义；而如果国内税法中某个术语具有多种含义，则应当选择其中最恰当的含义——当然包括一般性法律赋予该术语的含义。

国内法中的术语含义是采纳静态解释法（指采纳协定签订时的含义）还是采纳动态解释法（指含义不断变化）是一个很重要的问题，但《经合组织范本解释》对这个问题没有任何评述。假设《经合组织范本》第3(2)条明确指出一个术语的含义指新生效的法律中的含义，协定的谈判者会同意将国内法之后的变化融入协定中，因此，适用协定缔结之后修改的国内法不构成对于协定的违反。同样，如果该条款指的是协定签订时已经生效的法律，那么谈判者会认可国内法变化对于协定不产生效果。在后一种情况下，如果很明确国内法的修改只是为了违背协定（这在普通法系国家才有发生的可能），才可能对于国内法这种变化的有效性提出质疑。不过，对这一质疑的答复并不能帮助回答《经合组织范本》第 3(2) 条应采纳静态解释还是动态解释的问题。

参照国内法进行协定解释和适用的制度使税收协定效果易遭受缔约国有意识地回避或无意识地"淘空"协定义务行为的损害。一国能够通过《经合组织范本》第 3(2) 条减小其税收协定承诺的范围。《经合组织范本解释》也对此表示关切："一国不应被允许在签署签订之后修改国内法中那些协定定义术语的范围。"这些都是静态解释方法的有力支持。动态解释意味着它可以做有利于自身的修改以产生特定的协定效果；并且，国内法可以做的修改似乎是没有限制的。例如，一个国家可以通过关于资本弱化的法律，利息在很多情况下被视为股息。除此之外，法律的解释（尤其是合同的解释）一般来说要求确定法律制定者以及有关签订方当时的意图，因此解释时要考虑它们制定时的情形。不过人们经常忽视了一个事实，即在此阶段人们所寻找的只是国内法的解释，但国内法解释是否最终被用来解释协定还要取决于情境是否另有要求。

赞成动态解释的论据主要是实际需要的考虑。如果一个人不需要花时间去研究协定签订时（那可能距今已有多年）的法律是什么，税收协定将更容易得到适用。在现实中，有些变化使得适用协定签订时生效的法律已经不可能。例如，1972 年之前加拿大在公司减资或倒闭时，规定公司的未分配收入视同股息，但是这个数字在今天已经没有计算的必要或者已经得不到相关记录了。然而，动态解释方法的采纳将使国内法面临频繁修改的可能，甚至必要性。如果要考虑立法者的意图，就不能说一国谈判者在另一国改变协定效果，使其于己有利的情况下，希望自己的国家不改变与协定有关的国内法立法，以此来影响另一国的居民。美国法院在 1978 年的 letter ruling 一案中判定适用动态解释，人们发现协定中只载明一般原则，大量细节需要国内法去填充，这样就为国内法的变动留下很多空间，虽然与此同时这种改动会对协定产生一定影响。

这些不同理由势均力敌，不相上下。美国将《经合组织范本》第 3(2) 条做动态解释，而加拿大最高法院则采纳静态解释法。其他国家对于静态抑或动态问题的回答是不确定的。德国有些学者主张动态解释法，如沃格尔；而另外一些学者则持相反观点，如 Port。英国法院对此没有裁决，但议会推断《经合组织范本》第 3(2) 条应采纳动态解释中的含义。

在这场讨论中，一种折中的、能为双方共同接受的观点是国内法的次要改动应该得到适用。静态解释的支持者能够接受这一点以防止太大的国内法修改。而就连动态解释的最为热忱的支持者也承认缺乏限制的国内法改动有时过于离谱。静态解释过于僵化令人无法接受，而动态解释又可能天马行空、无所顾忌，这意味着必须寻找对于动态解释可能的限制。可以在协定中明确指出："修改后的国内法应该被适用，除非情境另有要求。"在国内法有较大改动的情况下，很难说情境——部分是指缔结协定时的效果，要求不使用改动了的国内法。还可以采纳暗示限制的方法，如《经合组织范本解释》关于实质相似税种的限定："不能损害协定的平衡或影响协定的实质。"又如抵免条款关于变动的规定：变动"不应影响这里的一般原则"。如果采纳动态解释方法，必须有类似的一些限制。

对于动态解释的限制可以从诚实信用的原则来理解它。即使单方解释在一个缔约国的国内法中具有合法性，从国际法的角度看，这也得不到承认。从国际法院和国际法庭的裁决来看，一个缔约国有调整其条约承诺的范围和深度的权利或可能性，但它在这样做的时候要受诚实信用原则和遵守条约义务的限制。《维也纳条约法公约》第 26 条规定："生效的协定对于缔约国具有约束力，缔约国必须以诚实信用为原则来执行它。"以诚实信用为原则进行解释的义务来自对滥用权力的禁止。国际法并非来源于一个"更高秩序"，而是由其主体创设的。因此，国家必须解释自己所缔结的条约（"自动解释"）。在国家解释条约的过程中不可以利用其解释自身义务的特殊地位来谋取私利。如果法律中的改变为背弃信义的一国私利所左右，使其不利于非居民，那么《经合组织范本》第 3(2) 条将根据"情境将'另有要求'"①，阻止国内法律变化对于协定解释产生作用（但是这种限定方式仍可能造成协定解释的不确定，因为很难确切了解情境何时"另有要求"）。

从正义的角度来看这个问题，国内法中的修改是为了适应变化了的现实情况，使法律不断趋近正义的表现。对于《经合组织范本》第 3(2) 条的解释一味采纳静态解释方法而放弃动态解释原则的运用，看起来似乎是求得法律稳定性，但细究起来未必如此，因为所谓的稳定性也许需要适用年代久远的法律，不仅法律陈旧，而且恐怕今日找寻和理解昔日法律也非易事。再说，世事变迁，拿昔日法律适用今日时势，还有风马牛不相及之虞。因此，既然正义是法律的最终追求，就应该抛弃静态解释而采纳动态解释。不过动态解释走向极端也将损害原本建立的"协定的平衡"，因为无法避免有些国家在国家利益的驱动下改变有关的国内税法和其他法律，以获取更大的税收利益。这

---

① 《维也纳条约法公约》对"情境"的定义如下，为协定解释的目的而言的情境应除文本之外，包括其前言和附录，还包括：（1）与协定的缔结有关的，在所有缔约方之间签订的所有协议；（2）与协定的缔结相关的，由一方或多方制作的，并为其他方所接受的工具（instrument）。

种私利驱使下的国内法变动将导致国际公正的丧失，并有可能引发相应的国际法律秩序的混乱。因此动态解释不是"任意的"动态解释，而是"受到限制的"动态解释。此外，这才是对于国际法"诚实信用"原则的忠实应用。"诚实信用"原则是为了防止权力遭到智巧之徒的滥用，建筑法律的公义"大厦"，而不是食古不化，拘泥于过去的法律条文。正因为如此，条约法律必须被流动着的"清渠"，即被修订后的国内法所浸染，时时洗涤清新，同时又要不断警惕水涨船高、泛滥成灾①，才能被正确地解释、适用，实现其原本的目的。

四、《经合组织范本》第 3(2) 条的绝对性问题

《经合组织范本》第 3(2) 条是否具有绝对性品格？也就是说，《经合组织范本》第 3(2) 条是否排斥国内法解释之外所有的解释方法？首先我们可以看到，《经合组织范本》第 3(2) 条的措辞并不是"所有协定术语只能具有该国法律中的含义"。至少它没有明确指出，所有其他解释方式，包括习惯国际法中的方式都被排除在外。应该认识到《经合组织范本》第 3(2) 条的功能是有限的，必须把对它的解释与情境、诚实信用原则与协定的宗旨和目的等相联系。情境和诚实信用原则前面有所提及，这里只讨论《经合组织范本》第 3(2) 条的解释与协定的宗旨和目的的关系，以及《维也纳条约法公约》对《经合组织范本》第 3(2) 条的制约。

（一）《经合组织范本》第 3(2) 条与协定的宗旨和目的

税收协定的宗旨和目的对于《经合组织范本》第 3(2) 条的解释

---

① 指修改国内法以获取本国更大的私利。

和适用起到一定的限制作用。《维也纳条约法公约》第31(1)条规定,协定条款含义的确应该考虑协定的宗旨和目的。尽管协定被认为可以有一个以上的目的,不过《维也纳条约法公约》第31条鼓励解释者从协定总的宗旨和目的出发来考察协定条款。

税收协定的主要目的是消除构成国际贸易和国际投资障碍的双重征税。对于《经合组织范本》第3(2)条的解释和适用必须考虑税收协定的宗旨和目的。辅之以争端解决机制和被广泛应用的技术性《经合组织范本解释》,缔约国希望达到的协定目的在税收协定中被清晰地定义和制度化。税收协定条款围绕着协定宗旨向缔约国家施加了义务,这些义务很少是什么"软性义务",它们通常构成了其他缔约国可以执行的权力。如果一个协定条款有几种解释,但只有一种解释与协定的宗旨和目的相一致(或者较其他解释更贴近协定的宗旨和目的),那么就应选择与协定宗旨相一致或更贴近的解释。运用文字解释方法对协定条款进行解释时,如果忽视了协定的宗旨和目的,就不符合国际法。

大部分税收协定条款是用来创设权利和纳税人利益的。如果没有协定条款的话,这些权利和义务将不复存在。这些条款主要(但不完全)包括了对于缔约国某些所得税征税的"限制",以减少双重征税的机会。从这个方面讲,完全依赖国内法可能导致与税收协定的宗旨和目的不一致的结果。正如贝克(Baker)所言,结果是协定条款在两个缔约国可能意味着不同的两件事,而这会导致协定有效性的减弱。不受限制地将国内法规定提升至国际法的水平是在允许国家将协定义务最小化。[①]

双重征税的免除将消除障碍,促进物资、人员、资本和服务的流

---

① 艾弗里·琼斯等学者建议,为了矫正这个问题,应要求居民国遵循来源国的法律规定。

动，这种自由正是正义的特征之一。正因为《经合组织范本》第 3(2)
条不能脱离协定的宗旨和目的来解释和适用，这样就保证了税收协定
在国内法的解释中要受到自由正义宗旨的制约。

（二）国际法规则对《经合组织范本》第 3(2) 条的制约

国内法院和行政机构对于协定的解释是在国际法和国际实践的背
景下展开的。换句话来说，基本前提仍然是国际条约和协定必须用国
际法而不是一个国家的国内法来解释。一个国家不能引用国内法条款
作为不赋予一个协定完全效力的理由。一个国家如果断言协定中的术
语必须被赋予国内法中的含义，那么它必须提供这种不寻常情况的证
据。具有讽刺意味的是，即使"国内法"这个词的含义也不可能只参
照国内法来解释。当然，如《经合组织范本》第 3(2) 条所规定的，
诉诸世界上主要的国内法法制体系中的概念的现象在国际法中经常出
现。但正如国际审判法院（ICJ）所认为的，应参照"一般为国内法
法制体系所接受的规则……而不是某一个特定国家的国内法"。另外，
关于双边税收协定，国际审判法院有时候不情愿接受的一个事实是，
意义的寻找只能参考缔约国双方的法律，而不是为大多数国内法制体
系所接受的"规则"。

缔约国一方并不可以把单方面解释强加于人。作为一条规则，国
内法院应该（从国际法的角度讲）抵制在国家主义因素的指导下，只
根据各自国家的国内法律体系中的法律概念来解释协定的愿望。国内
法院法官必须模仿国际法官的做法，依靠协定自身解释、实践，以及
其他适用于缔约国的有关法律规则，寻找法律词语的国际性含义。缔
约国的国内法院在审理有关税收协定的案件时，必须运用适用于税收
协定的国际法规则为协定术语提供统一含义。1987 年颁布的《重申法
律》（美国的外交关系）中也声明："那些规则要通过缔约方的国内法

院或行政机构执行的协定的解释取得统一，尽管各国的国内法体制均不相同。"

大多数国际条约和协定构成对缔约国的国内法律法规的限定，在这方面税收协定丝毫没有任何特殊之处。国际法的一般原则值得引起特别注意，这些原则包括国际法相对于国内法的优先性、互惠性原则、各国基本的平等性等。《经合组织范本》第3(2)条的解释及其对条款术语的适用要将国际法的一般原则考虑在内。我们认为，无限制地参照国内法，特别是授权缔约国过多的自动解释协定的权力不符合这些国际法原则。参照国内法进行解释当然并不是协定有效运作的必要条件。国际法的一般原则自然地和必要地参与了税收协定的解释过程。

这并不是说，缔约国没有偏离《维也纳条约法公约》第31条有关协定解释规则的自由，问题在于《经合组织范本》第3(2)条是否可以成为维也纳规则的例外，这是本节的核心问题之一。虽然如果解释规则偏离《维也纳条约法公约》并不意味着实际违反了《维也纳条约法公约》，但是一个政府颁布的法律文本必须在原则上被解释为制造，或者意图制造符合现行法律的效果，而不应背离现行法律。这被视为解释的一般规则，它指明了国内法的制定本身必须尽量与现行国际法的精神和实质保持一致。只有在这个前提下，国内法解释的适用才能与国际法诸原则保持统一。这一点将在税收协定的解释一节中得到进一步的探讨。

第二节　信息交换制度的正义性

正义要求纳税人如实缴纳税款，不要瞒报境外收入情况，这是防止纳税人逃税被列为税收协定的宗旨之一。如果纳税人隐瞒其真实的负担税收的能力，将造成对其他纳税人的极大不公。然而，日益全球化的社会现实助长了纳税人的逃税和避税之风。各国税务当局只有加强信息交换，才能掌握纳税人的国外收入和纳税情况，从而避免国家财税收入的流失。从这个意义上，信息交换制度是一种正义的制度设计。然而，获取纳税人的境外信息有可能造成对纳税人隐私权的侵害。隐私权是一项纳税人应当正常享有的自由权，它保护着纳税人在充满纷争与扰攘的世界中享有一份宁静感和安适感。因此，自由地交换信息与纳税人权利保护之间应保持适度平衡，才能保证该项制度的正义性。

一、应对逃税问题的制度需求

近些年来，逃税问题引起了人们的广泛关注。经合组织等国际组织和各国政府投入更多的资源来研究该问题。[①] 在实际的商业交易中，纳税人能够通过多种方法[②]逃避税收，致使政府的财税收入遭受严重损失。出于增加财税收入，满足财政开支的需要，政府开始更多地强调信息交换的必要性。实施国家的税收法律是国家税务部门的责任，国家税务部门开始逐渐认识到各国税务部门之间的信息交流对于应对税收收入减少的挑战极其重要。

解决境外逃税问题的瓶颈在于是否能够获取充分的纳税人境外税收信息。遇到纳税人逃税时，税务当局虽然不一定总能制止或惩罚纳税人，但如果它们有获取信息的能力，就可以做这样的尝试。纳税人在境内外的逃税行为表明一国所得税制度存在着薄弱环节，同时它也

---

① 详见经济合作与发展组织报告（1998）中的讨论。

② 如转让定价，纳税人将收入从一个管辖地转移到另一个管辖地，通常是从税率较高的税收管辖地转移到税率较低的税收管辖地。

说明了税务机关因在一个趋向全球化的世界里获取境外税收信息的能力不足损害了国内税收制度的完整性。各国政府必须不断尝试突破法律上和现实中其权力受到的限制，迫使在国外的行为人向它们提供境外税收信息。信息的需求和信息的获得之间存在很大差距的原因之一是一国的税收当局在国外的调查权力有限。在国内，一国政府可以施加信息事前规制要求，商业中介机构必须汇报特定的信息和交易情况，税务当局甚至可以强迫它们提供后来才发现有用的附加信息。但在国外，税务当局的权力就鞭长莫及了。税务当局获取国内信息的能力与其在全球范围内搜集信息的能力形成鲜明对照。调查能力与观察能力相辅相成，因此即使税务当局在国外调查中取得一些成功，但由于缺乏实际的观察能力，所以纳税人对于境外所得的税法遵从度比对国内所得的税法遵从度要低得多。纳税机关缺乏调查和观察纳税人境外经济活动的能力事实上助长了纳税人的逃税行为。

每个国家的税收体制的形成和发展都受到一系列独特因素的影响，一国如果不熟悉另一国的税收规则，就很难提供其他国家税务当局所需要的信息。国内税收制度上细微的差别可以成为获取境外信息的显著障碍，即使是最低水平上的这些不兼容也可能为税务当局制造真正的麻烦。因此，即使一国愿意为另一国提供税收信息，在实践中也可能受到具体技术因素的制约。

二、信息交换制度的历史和发展

（一）1927 年国际联盟关于国际税收的报告

通常，双边税收协定中的税收信息交换条款或单独签订的税收信息交换协议规定了缔约国政府相互交换信息的义务。这种义务可以追溯到第一次世界大战之后国际联盟的一些工作成果中。具体来说，今天的境外税收信息交换制度可以追溯到 1927 年国际联盟发布的关于国际税收的奠基性报告。

国际税法专家们制定的 1928 年双边税收协定范本成为后来的双边税收协定的基础，其意义深远。目前大量的双边税收协定都带有 1928 年双重征税协定范本的印记。国际税收制度主要由双边税收协定组成。如果没有当时那些专家们的出色工作，今天的国际税收制度很可能面貌迥异。在协定范本发布的前一年，国际联盟的"双重征税和逃税问题专家委员会"提出了国际税收方面的奠基性报告，即一般性和终结性报告。在报告中，专家委员会提供了四个税收协定草案，其中的《税收事务行政协助协定草案》特别涉及了境外税收信息交流的问题。

税收事务行政协助协定草案规定缔约国一方政府有义务为协定的另一方提供境外税收信息：一是在具体的案例中遵从对方请求而提供；二是自动提供表中所列出的信息种类。

首先该草案要求当另一方政府提出具体的请求时，缔约国一方须为另一方提供信息，这将帮助加强一国的调查能力。调查能力的加强离不开接收稳定的信息流的权利，拥有事前获取信息的权利有助于税务部门观察能力的提高。协定中也规定了必要时事后获取境外信息的权利。另外，草案还要求自动提供关于"在缔约国中需要纳税的自然人或法人"的信息，包括纳税人的名字（名称）和居所，他们的家庭责任等背景信息。协定还设定了缔约国的执行程序。如果提供信息将"违背公共政策"，则明确赋予各国拒绝的权利。协定中还设定了有关行政机关交流信息的渠道，以及实施协定的措施等。

双边税收事务行政协助协定草案关于境外税收信息交流方面的规定达到了这个领域的最高标准。自 20 世纪 20 年代以来，所得税的重要性和复杂性与日俱增，但现行的双边和多边协议对于信息分享的要求都低于 1927 年范本的标准：大多数现代的信息交换条款都只是对一般原则的陈述。造成的结果是，国家缺乏恰当的途径去获取境外税收信息。虽然它们使税务机关调查纳税人境外活动成为可能，但它们并没有赋予税收机关观察纳税人境外经济活动的权力。

（二）伦敦草案和墨西哥草案

国际联盟在早期工作的基础上于 20 世纪 40 年代发表了两个税收协定范本，即 1943 年的墨西哥行政协助协定草案（以下简称墨西哥草案）和 1946 年的伦敦行政协助协定草案（以下简称伦敦草案）。墨西哥草案和伦敦草案都包括两个协定范本，即双边税收协定范本和行政协助协定范本。它们都与 1927 年草案范本有许多相似之处。1943 年和 1946 年的行政协助草案详细规定了各国提供各项信息的义务。稍后的伦敦草案要求自动提供"可以获得的信息"，不过之前的墨西哥草案只提到可以选择提供信息，并未作特别要求。

（三）现行双边税收协定中的信息交换制度

早在国际联盟制定墨西哥草案和伦敦草案之前，独立的行政协助协定的概念其实已经遭到质疑。因为在一个税收协定里可以同时满足避免双重征税和防止逃税的两个目的。最终该双重目的在税收协定中得到整合，对于境外税收信息交换制度来说是一件祸福相依的举措。

一方面，抛弃单独的行政协定而采纳整合形式的税收协定有利于境外税收信息的获取；双边税收协定的签订具有普遍性，这种整合大大扩展了进行信息交换的范围。另一方面，由于双重征税条款在税收协定中占据主要地位，信息交换条款在协定中只扮演一种辅助性的角色，这种整合在某种程度上也稀释和限制了信息交换条款的影响。另外，避免双重税收协定网络的不完全性（毕竟还有些国家并未签订税收协定）也构成了境外税收信息在没有缔结协定的管辖地之间流动的重要阻碍。

现行的《经合组织范本》和美国税收协定对于信息的自动交换都没有做明确的要求。[①] 2006 年《美国税收协定范本》与大多数现代税收协定一样，采纳墨西哥草案的方法，其信息交换方式是强制性的，而不是自动性的。一方面，只要请求的信息是与征税有关系的，提供信息不"违背公共政策"，缔约国一方就有义务满足另一方的此类请求；另一方面，范本不要求自动提供信息。而 1927 年和 1946 年的范本对于自动信息交换则有广泛的、强制性的要求。当美国于 1976 年发布了第一个税收协定范本时，它使强制性信息交换方法成为标准。在这种情况下，信息交换是在税收协定缺乏对自动交换信息的承诺的背景下发生的。[②]

因此，如上所述，信息交换条款本身的局限性成为克服国际税收信息的需求与供给之间差距的重要障碍。与过去协定中相对大胆的要求相比较，现在的信息条款只要求相对较弱的信息流水平。这是现阶段税收协定中的信息交换条款的首要缺点。

第二个缺点与信息交换条款在这些协定中所扮演的次要角色有关。该条款的主要目的是限制国际企业的重复性征税，双边避免双重

---

① 参见《经合组织范本》和《美国税收协定范本》（2006）第 26 条。政府间的信息交换有三种不同的程序：根据要求提供信息交换，自发性信息交换，自动信息交换。根据请求进行信息交换指所得税税收协定和税收信息交换协议一般只要求在被请求时交换有关信息，即一方政府（请求方）请求另一方政府（被请求政府）提供信息。自发性信息交换是当缔约国一方政府（发送方政府）相信另一方政府对它所拥有的信息感兴趣，自发地向另一方政府（接收方政府）提供该信息。这种信息交换形式的作用极其有限。自动信息交换可以成为最有效的信息交换形式，但它同时也是最难实施的信息交换形式。自动信息交换通常包括跨国界支付，如利润、股息、特许权使用费。

② 另外，2006 年《美国税收协定范本》的技术性解释也表明条款所覆盖的交换信息的范围以及各国获取境外税收信息的途径在过去的几十年里大大减少了。美国的税务当局根据协定范本获得境外税收信息的途径比在国内获取税收信息受到更多的限制。

征税协定更可能在有着密切的商业联系和大量跨国投资业务的两个国家之间缔结，因此信息交换量的大小并不一定反映商业联系的频繁与否。避免双重征税协定全球性网络中的一些缺失环节，即有些国家并没有参与到这个网络中来，不可避免地抑制了境外税收信息在某些区域的流动。

今天的双重征税协定中的信息交换条款之所以重要，主要是因为其普遍性而非有用性。今天即使是最有效力的信息交换条款也没有达到国际联盟在20世纪20年代建立的水准。虽然它们的确赋予了税收当局更多的权力，特别是授予它们得到事后报告、进行境外调查的权利，但这些都远未达到一个理想制度的要求。信息交换条款主要是由于双重征税协定的广泛盛行而具有意义。因为双重税收协定数量众多，并且所有协定都包含基于某一个范本的信息交换条款，所以才得出该条款促进各国获得境外税收信息交流的结论。

（四）其他信息交换协定

在应对这些缺陷，努力增强获取境外信息能力的同时，单独的行政协助协议的概念重新落入人们的视野。政府赋予信息交换概念新的含义，以满足境外税收信息扩大了的需求。美国开始签订仅包含信息交换内容的税收协议。同时，经合组织也开始更新国际联盟所制定的一系列行政协助协定。

1981年一份关于逃税问题的报告在美国引发了单独的税收信息交换协议（TIEA）的制定。这份报告提议采纳税收信息交换协议帮助美国从避税港获取境外税收信息，把由于对避免双重征税协议网络的严重依赖而产生的信息缺口堵上（双重征税协定网络中不包括大多数美国认为是避税港的管辖地）。美国希望借此使调查税收欺诈案件更加容易。

美国的税收信息交换协议采取对称性结构，各缔约国都可以向另一方索取信息，然而境外税收信息对于美国的意义比对它的潜在缔约伙伴重要得多。为了鼓励缺乏兴趣的国家参加税收信息交换协议，美国给予参与国税收优惠待遇。① 美国的税收信息交换协议取得了一定成功，不过它并没有成为解决逃税问题的万能药。

同一时期，经合组织发布了第一个关于税收征收的行政协助协定范本。1981 年的经合组织行政协助协定范本提出了"多边税收执行协助"的框架。该文件借鉴了国际联盟 20 世纪 20 年代和 40 年代的一些工作成果，它呼吁参与国"在税收征收和文件提供上彼此提供协助"。行政协助协定范本的起草者指出，1963 年的避免双重征税协定范本已经涉及行政协助，"不过比起国际联盟的行政协助协定范本，它还很不完备"。他们还指出，在 20 世纪 80 年代早期，"逃税问题令各国政府日感忧虑，各国政府在双边交往中，以及国际组织里都探讨了这个问题"。多边协定被认为是税收机关在日益全球化的世界里解决逃税问题的必要工具。

尽管情势紧迫，使命重大，1981 年的经合组织行政协助协定范本在信息交换方面只比之前的范本（1963 年）前进了一小步。与伦敦和墨西哥行政协助草案不同，它只涉及已估算税收的征收。1988 年生效的协定则更前进了一步，它没有局限于促进税收的征收，该协定呼吁签字国"交换与税收的评估和征收，以及与税收要求的补偿和执行有关的信息"。

单独的信息交换行政协定的重新出台反映了各国对于信息交换的强大需求。税收协定中的信息交换条款显然由于缺乏相应的力度而无法满足各国不断增长的需求。迫于种种现实的压力，各国政府试图冲

---

① 这些利益包括为美国纳税人在另一方管辖地参加会议提供税收便利，并扣除与会议有关的费用。

破原本的税收协定中的信息交换条款的条框限制，直截了当地以单独的协议的形式加以解决。本书将其视为与税收协定的信息交换制度相并行的制度。本来，税收协定中既然已经有信息交换条款，就不应使其虚置，而应当让它发挥作用，使物竭其所能。然而，如果制度已经脱离现实的需要，而修改完善并非易事，那么尝试用一种并行的制度来辅佐它并非不可。

三、互惠性要求的解除和信息交换的加强

（一）《经合组织应对有害的税收行动倡议》

近些年的发展证明了在国际税收事务中的信息交换比以往有所增强。经合组织是推动国际税收合作，特别是改进信息交流政策的主要组织。1998 年经合组织在题为《有害的税收竞争：一个开始显现的全球性问题》的报告中，攻击了税收事务中的银行保密制度，指出了各国税收部门之间进行有效信息交换的必要性。

1999 年经合组织在《经合组织应对有害的税收行为行动倡议》（以下简称《倡议》）中，号召对于避税港进行限制，要求避税港具有一定的透明性并进行有限的信息交换。经合组织随后发布了所谓的避税港"黑名单"，倡议被列入名单的管辖地承诺废除有害的税收行为。[①] 该文件认为，一个国家如果具有四个要素中的两个就构成避税港。不过，也有学者对经合组织打击避税港的措施提出异议，指出经合组织防止有害的税收竞争的决定，尤其是在该行动中花费如此大量

---

① 在《经合组织应对有害的税收行动倡议》中，经合组织提出，判断一个国家是否是避税港的要素有：征收零税收或低税收；在认定给予税收优惠条件的纳税人类型方面存有歧视（典型的是只为外国人提供激励措施）；税法的运作缺乏透明度；税收信息的交流不充分。

的资源可能与经合组织宪章不相符合。^① 许多观察家断言，经合组织避免有害税收竞争的行动建议不支持可持续性经济发展和就业或世界经济的发展，也无助于达到经济增长和内外部金融稳定的目标。相反，他们认为经济稳定和世界发展以及财政稳定需要国家间的竞争。

对该《倡议》的执行产生关键性影响的事件是美国政府宣布部分撤回对于该行动的支持。2001 年 5 月，美国财政部秘书奥尼尔（O'Neill）澄清了美国在该行动中的保留意见，他宣布："低税率是值得怀疑的假设，以及任何国家或国家集团可以干涉其他国家税制结构的观念……另外对于一些非经合组织国家的潜在的不公平待遇使我深受困扰……简单来说，美国对于抑制竞争的行为——正是竞争迫使政府像企业一样创造效率——不感兴趣。"不过奥尼尔承认美国"有义务执行我们书面上的税法，因为否则将使诚实的美国纳税人对于税制的公平性丧失信心。我们不能对任何形式的税收欺骗行为无动于衷，这意味着要追捕那些把收入藏匿到离岸账户中进行非法逃税的人"^②。

2001 年 6 月，经合组织各国对于该《倡议》原则上达成妥协。该组织将重点重新设定为经合组织各国政府之间进行银行和财税信息的交流上，而不是放在要求避税港重新设定税率上。该《倡议》现在只要求 32 个被称为避税港的国家同意采取行动进行税收信息的交流和使税制具有透明性。该《倡议》的目的是成员国可以公平地征税和取得应得的税收收入，它禁止通过利用优惠税制，特别是避税港的方式侵蚀税基的行为。从各国对《倡议》达成妥协的过程中也可以看出，信息交换是具有可行性和可操作性的制度，可以为各国所接受。该制

---

① 经合组织的目标是：在保持金融稳定的同时，达到成员国内最高程度的可持续的经济增长和就业，以及不断提高的生活水准，并以此来促进世界经济的发展；促进成员国及非成员国在经济发展的进程中经济得以（健全）扩张；促进世界贸易在多边、非歧视的基础上扩张，并要履行国际义务。

② Paul O'Neill. Confronting OECD's Notions on Taxation [N]. The Washington Times, 2001 - 05 - 10(2).

度的实施客观上使原本呈价值中性的信息在自由流动中产生更大的效能，有利于征税体制的公平性。而经合组织在《倡议》中所提到的其他措施由于涉嫌危害竞争以及竞争所带来的益处（尽管经合组织将其界定为有害的竞争）而不受支持。

（二）《经合组织范本》信息条款对于互惠性要求的解除

信息交换条款提供了一个不侵犯其他国家的主权或者纳税人权利的跨越国境信息合作的框架。该条款被认为提供了税收当局之间信息交换的国际标准。2004 年 7 月，《经合组织范本》第 26 条税收事务信息交换条款被修订是信息交换制度发展的又一个重要里程碑。这是自1977 年以来税收协定范本的信息交换条款第一次被全面修订。① 经合组织相信，从事跨境活动的纳税人数目的大量增加使税务当局有必要拥有有效的从缔约国另一方获得信息的法律机制，以确保纳税人遵从税法。被更新了的第 26 条反映了许多国家现行的做法，以及经合组织国家为了税收目的而获得银行信息的理想标准。

修订过的《经合组织范本》第 26 条信息交换条款禁止以"国内税收利益"为由妨碍信息的交换。对于"国内税收利益"的考虑指以此为由拒绝向协定另一方提供或交换其所要求的信息，除非被要求的一方为了本国税收的目的对此类信息同样感兴趣。修订后的条款强调，缔约国应该交换信息，不管是否为了本国税收的目的也同样需要此类信息。这是原本制度中对于严格的信息交换互惠性要求的放松。2004 年境外税收信息显然比在 1927 年要重要得多，这种要求上的放松也是对不断增加的信息需求的一种回应。本节的开头部分我们提到，全球化改变了纳税人取得收入的方式，但是政府在获取境外税收

---

① 原本的信息交换制度一度被认为是一种过时的，且并不适合每一种情况的，过于笼统的制度。

信息方面仍然面临着一系列的障碍，其搜集信息的工具并没有得到相应的改进。可能正是应对全球化对于税务机关造成的强大压力，在各国税务当局无法有效改善其执行能力的前提下，税收协定扩大了信息提供的范围，以满足税务当局对于信息持续增长的广泛需求。

信息交换制度的设计者最初设想，缔约国可以凭借国际协定的互惠性信息交换条款获取一些超出其直接索取能力之外的信息。然而，自所得税诞生以来，境外税收信息就变得越来越难以捕捉。虽然对境外税收信息的需求在扩大，但是缔约国通过税收协定实际获取信息的权利却遭到削弱。其中一个重要原因是有着 80 多年历史的信息交易机制假设信息交换中某种对称性结构存在，但这种对称性结构可能从来就不曾存在过。实际上，不同的税收管辖地对于境外税收信息有着不同的需求。任何一种交易制度要想成功运行，双方必须能够相互提供一种有价值的商品。交易商品的价值必须大约相等。然而，很明显，在税收流失国和避税港之间谈论信息交换简直就是一个神话。①

税收体制的极大差异导致了各国将受益于不同的境外税收信息需求组合。例如，有的国家会更多地需要与消费税有关的境外税收信息，而不是与所得税相关的境外税收信息，它对事先信息的需求也很少；其他的对工资征税的国家，如果对国外的工资收入进行扣除，这些国家就可能受益于第三方关于纳税人在国外受雇佣情况的报告。而对有些国家而言，可能没有任何境外税收信息值得它花代价去获得。因此，最优的境外税收信息交换组合在内容和数量的流动上都将是高度不对称的。这种不对称性与现行协议中所要求的强制性的双向信息流动形成鲜明对照，它实际上造成了一种强烈的不和谐感。

----

① 譬如，美国作为一个强大的、富裕的管辖地，显然比它的邻居需要更多的境外税收信息。

对称性理论也解释了信息交换的交易制度为什么即使在税收体制相类似的国家之间也难以有效运作。境外税收信息在两个管辖地之间的成功交换使每个国家可以期望得到同样的信息利益。如果它们的期望值有着很大区别，那么就存在一种风险，即只有报有较低期望值的一方得到了满足，或者交易根本就不会发生。期望从交易中只得到很小利益的国家将只愿意投入较少资源。而信息饥渴的一方理论上愿意投入更多资源以换取更多、更高质量的信息。但在交易制度的框架下，它们无法因为额外的付出而得到更多的利益回报。不对称性问题由于双边税收协定原先的规定而进一步恶化。双边协定要求信息交换时所使用的对价须是互惠性的境外税收信息。

因此，对于原本协定中互惠性信息对价要求的解除将大大增强国际税收信息交换的力度。如果一个国家在很大程度上依赖事前信息，而另一国依赖大量的事后信息，前者可能更喜欢自动接收稳定的信息流，而后者则偏好根据需要获取信息的方式。那么原来的互惠性要求就阻碍了这种交换安排的发生。因此，新的框架设计考虑了各国及其税收制度的不同之处，这种不同造成了对于税收信息的不同需求以及提供信息的不同能力。对于互惠性要求的解除考虑了各国对于境外税收信息的不同需求，而不是只同意交换那些彼此共同需求，并且都有能力提供的信息。

除此之外，修订了的信息交换条款还特别规定了政府交换信息的义务优先于银行保密法和其他保密性法律的禁止性规定。银行秘密被禁止用作拒绝交换信息的依据。这意味着，根据《经合组织范本》第26条，如果一个政府要求另一个政府提供税收信息，另一个政府一般必须提供所要求的信息，不再受本国银行保密法或其他保密性法律的限制。而在此之前，信息的获取必须符合那些参与信息交换的国家中的最严格的保密法的要求。

《联合国范本》被期待着做同样的修改。另外，经合组织还添加了新的条款——关于税收征收的第 27 条，它规定政府必须同意协助另一个政府征税。

四、纳税人隐私权保护与信息交换制度之间的平衡

国际上还不存在有关纳税人权利的整体性国际声明。尽管纳税人权利得到普遍承认，但缺乏保护纳税人权利的一般性法律工具正是问题所在。在基本人权宣言之外还应有单独的国际性纳税人权利声明，在缺乏这样一个权利声明的情况下，就不可能存在权利保护标准的设定进程。通过标准设定进程，国际纳税人权利声明可以在各国经验的基础上设计得更为完备。

信息交换制度现在影响的人群比 20 世纪早期更为广泛，政府之间转手的具有敏感性的私人信息数量巨大，这在几十年前还无法想象。能够有效支配和编辑如此巨量的敏感性信息，从这个意义上讲这个制度运作得还颇有效率。[1] 由于这些大量的私人数据可能涉及纳税人隐私权的问题，因此如何通过税收协定在加强两国间信息交换、获取更多的纳税人信息的同时避免影响到纳税人享有的隐私权就成为一个备受关注的问题。避免双重征税协定中的信息交换条款在可能的范围内尽量保障纳税人权利，尤其是纳税人的隐私权——在缺乏单独的纳税人权利国际声明的情况下，这对于纳税人权利的保护是极其重要的。明确保护纳税人隐私权的措施对于提高纳税人的整体遵从水平，限制税务部门的权力，防止其权力被滥用都是有积极作用的。

---

[1] Paul S M. Property, Privacy and Personal Data [J]. Harvard Law Review, 2004 (117)：2056，2062.

这种交易制度代表着政府之间进行的有关大批量的纳税人信息的交易，它关系到个人和企业从事的跨国活动，因此这种制度不可避免地涉及纳税人（和企业）的隐私权问题。当国际商业和国际投资的重要性不断增长时，这些交易对于隐私权构成的威胁也随之加大。有时缔约国有权机构没有掌握一个案件的全面信息，只有纳税人能够为有权机构提供有关行为的信息。被要求提供信息的国家取得纳税人信息的能力将与纳税人人身及其财产自由相关联。当国际商业和投资变得越来越重要的时候，这些交流给隐私权也带来越来越大的威胁。也就是说，信息的获得对于自由权的享有构成了威胁。

双重征税的双边税收协定中考虑了纳税人隐私权保护的问题。《经合组织范本》第 26 条原本对国家提供协助的义务规定了一定的限制。协定获取的信息只能用于税收执行的目的，必须作为一项商业秘密对待。被要求提供信息的国家不需要提供其国内法律或其行政习惯所不允许提供的信息，或那些会泄露其贸易、商业、工业及职业秘密的信息，或那些会违反公共政策的信息。因此，税收信息交换条款保证纳税人的秘密，并承诺那些可能泄露秘密或贸易过程的信息将不会被用来交换。

不过，正如前面提到的，为了增强政府间信息交流的力度，获取更多的纳税人境外税收信息，信息交换制度对原本的条款进行了修订，政府交换信息的义务条款优先于银行保密法和其他保密性法律。禁止银行秘密用作拒绝交换信息的依据。这种强制性的交换信息的要求无疑使纳税人隐私权受到威胁。[①]

纳税人个人数据的保护是一项基本的自由利益，它对一个民主社会中个人的自主性、尊严和自由是不可或缺的，而不仅仅是一种个人

---

① Cynthia Blum. Sharing Bank Deposit Infomation with Other Countries: Should Tax Compliance or Privacy Claims Prevail? [J]. Florida Tax Review, 2004(6): 579.

偏好。① 因此，限制纳税人个人信息的流动极其必要。毫无疑问，加强对纳税人、第三方（如金融中介机构）权利的保护将保证公平和正义，取得私有部门的信心和支持，并在增加税务部门执行能力的同时使正常的商业关系得以维持。

尽管如此，阻碍信息获取的同时无法减少对境外税收信息的需要，只会进一步加大已经使税务当局的执行力遭受严重质疑的信息赤字，同时对于隐私权的过度保护也会纵容纳税人逃避国内税收的非法行为，对于依法纳税的纳税人又将造成严重的不公。因此，如果有可能，应该寻找信息保护和信息获取之间的完美平衡。像经合组织或联合国这样的国际性组织就占据一个能够找到该平衡点的理想位置。它们在不断调试对于纳税人信息的强制性索取力度和纳税人隐私权保护之间关系的实际举动上也说明了它们对于这个问题的高度重视。一个能够区分不应当提供的敏感性税收信息和可以提供的较不敏感信息的政策机构将能够减轻人们对于隐私权受到侵犯的担忧，或者该组织还可以利用其资源和技术优势来设计一个能够同时增强隐私权保护和税务部门执行能力的方案。毫无疑问，这两方面的发展都同样重要。

综上所述，信息交换制度为各国政府获取本国纳税人的境外税收信息提供了途径，设置了具体框架；它帮助增强了税务部门的税法执行力，从而打击了纳税人逃避税收的行为，防止税收收入的流失。在一个全球化的世界中，各国政府仍然受到国家边界的束缚，无法超越国界来调查纳税人的信息，因此为税务部门打开流通信息大门的信息交换制度有着极其重要的现实意义。

在实践中，信息交换制度不断在各种压力下调适，增强自身，同

---

① Paul S M. Property, Privacy and Personal Data [J]. Harvard Law Review, 2004 (117): 2056, 2062.

时也更加趋近正义性。它破除了对于互惠性信息对价的依赖，允许各国更加自由地提供和获取信息，这是对于各国税收制度的独特性和需求的互异性的洞察，使信息交流的通道更加通畅。它注重对于纳税人隐私权的保护，这是对个体自由的尊重，对权利和尊严的仰视。隐私权可视为个体自由权的组成部分。在一个没有隐私的世界里，将不存在安全感，也谈不上什么正义和公正——要知道，在任何情况下，个体都需要保留一部分权利以从事有价值的创造性活动，并且人们对于制度的信任也将是极其脆弱的。虽然，受到现实的防止纳税人逃税行为的目标（该目标本身就是在履行正义的要求）的限制，增强获取纳税人境外税收信息的需要使纳税人隐私权的保护在一定阶段内得不到凸显，然而保护纳税人隐私权的概念不会消弭于无形，它只是在重新寻找新的坐标以及与其他目标之间的平衡。

第三节　共同协商机制的正义性

税收协定中规定的共同协商机制（Mutual Agreement Procedure）主要用来解决税收协定适用过程中出现的争端问题。如果说前面我们讨论的种种制度主要体现了分配正义的话，那么共同协商程序是合作正义的一种表现。缔约国双方发现它们之间存在的税收争端使正常的国际税收秩序无法维持，为各自的经济和社会发展造成一定阻碍，它们尝试通过特定的程序来解决这种纷争及其带来的困扰。与诉讼等昂贵的法律手段不同，共同协商程序是一种行政合作手段，主要通过缔约国双方的有权机关来取得解决争端的共识。

共同协商程序当然有着它的优点，但也存在着一些重大缺陷。各国纷纷采取不同的策略对其进行改进。① 经合组织则建议将仲裁程序纳入共同协商机制中，作为共同协商机制的组成部分。仲裁程序的种种特点完全符合正义性的要求，它将有力地促进各国之间税收争端问题的解决。

一、共同协商程序的产生及博弈性质

在适用避免双重征税协定的过程中，由于全球化的发展和国际业务的升级，人们逐渐发现有必要找到协定解释和适用问题的争端解决机制。免除国际双重征税的协定目标不仅可以因两个国家对同一纳税人的重复性征税而面临挫败，该目标还可能因不符合协定规定的征税、协定条款解释的困难性、没有为协定所覆盖的双重征税情况，以及缔约国国内法规的变化等因素的阻挠无法实现。要使税收协定发挥其预设的重要作用，这类问题应该通过富有效率的合作方式快速予以消除，这就需要缔约国之间密切合作以形成统一意见。共同协商程序（也被称为有权机关程序）发展了起来：缔约国的有权机关（缔约国财政部等）相互协商，希望就协定解释和适用等方面的争议解决达成一致意见。《经合组织范本》第 25 条提供了该机制的框架，它一般被用作所有税收协定中共同协商程序的基础。如范本解释所言，第 25 条设置了解决协定适用中出现的各种问题和困难的程序。

两次世界大战的过渡期间，很多国家表示愿意签订双边税收协议。一开始，规定国际税收争端解决规则的必要性并没有凸显出来，尽管如此，第一批签订的双边税收协定中有由权力超越有权部门的机

① 美国是最善于利用仲裁机制的国家，在它所签订的一些税收协定中同样使用了仲裁程序作为解决税收争端的方法。

构来做出最终决定的规则。1924 年国际联盟的双重征税协定范本规定成立一个技术委员会来决定双重税收争端。

1927 年国际联盟发布了《税收事务共同协助协定范本》。1928 年，它发布的《双重征税协定范本》不仅包含共同协商程序，还设想成立一个委员会，解决征税管辖地之间关于协定的解释或适用问题的争端。如果通过共同协商程序没有达成解决方案，那么有关缔约国有权上诉到常设国际法庭。1928 年的《双重征税协定范本》对以后的协定范本产生了巨大的影响，因此，共同协商程序开始出现在双重征税协定中，它授权有权机关就有关税收争端进行协商，以实现协定目的。这个方法进一步发展并终于定型，成为解决在适用和解释避免双重征税协定中出现争端的最主要方法，并被 1963 年《经合组织关于所得税的避免双重征税协定范本》和《关于资本的避免双重征税协定范本》所采纳。

1963 年避免《双重征税协定范本》中的共同协商程序对于纳税人角色的规定遭到学者们的批评，再加上它明显缺乏一种达成共同协议的程序，于是财税委员会工作组于 1971 年根据现有协定的经验，开始了修订该条款的工作。1977 年通过了第 25 条共同协商程序的修订条款。有权机关被授权通过共同协商程序来解决协定解释或适用过程中的困难和疑问，并负责消除没被包括在税收协定中的双重征税情况。根据 1977 年《避免双重征税协定范本》对第 25 条所做的解释，第 25 条代表了缔约国能够接受的最大限度。它们同意寻找解决方案，但不承诺一定找到解决双重征税问题的方案。

尽管如此，我们必须承认，共同协商程序表达了缔约国双方消除两国间国际税收事务争端的强烈愿望，并在现实可能性的制约下努力探讨达成共识的途径。人们对于前途显然充满了不安——该程序的框架显得保守并且过于小心翼翼，但他们意识到：和谐是令人向往的，和谐是共赢的一种选择；合作才能带来双方共同的利益，持续这种纷争的状态是一种逃避的思想，只有合作解决纷争才能使经济要素的流动更为顺畅，促进各国经济贸易的共同发展。本书作者认为，税收协定中的共同协商程序是各国在国际税收事务中迈出的弥足珍贵的一步，尽管它离真正地解决问题尚有距离，但种子已经种下，这颗种子如何发芽并添枝长叶只是时间的问题。

协商是哈贝马斯提出的交往沟通理论的核心概念，交往沟通理论中的协商概念可以帮助理解共同协商程序。该理论认为，协商是一种"理想对话情景"，人们具有一定程度的"移情"能力，参与者能从自己之外的角度思考问题。协商逻辑是一个"追求真理"的过程。参与者互相讨论、辩驳，为的是寻求理性基础之上的真相。共同协商程序为发生税收事务争端的两个缔约国提供了一个磋商的方式，两国政府代表通过对话的形式讨论、研究，尝试对于争端的"真相"及其解决方案取得一致意见。强力在此避让，双方需要理性探讨，以理服人。[①]

在理解协商的性质的时候，我们可以引入经济学中博弈的概念。经济学上的博弈论是 20 世纪 40 年代产生于美国的一种行为科学理论，它重点研究理性个体在其行为发生相互作用时的决策问题。[②] 博弈理论很适合用于国际税收关系的研究，因为缺乏更高一级的权威使国家处于纯粹的战略互动状态下，它们唯一关心的就是其他国家的行为对于追求自身利益有何影响。本书主要将博弈理论运用到共同协商程序的研究当中。共同协商程序中的"协商"行为实质上是

---

① 这个过程也完全不排除相互妥协的可能性。然而，如果相互之间没有妥协的意愿，无法理解另一方的立场和要求，并在一定程度上改变自己的偏好，那么共同协商程序将无法生成双方认可的结果，该程序也无法发挥预期的作用。

② 博弈逻辑有两个基本假定：第一，理性人假定，即博弈参与者或主体在博弈过程中努力使自己的得益最大化；第二，利益依存性假定，即每个博弈参与者的博弈结果不仅取决于自己的策略选择，而且取决于其他博弈参与人的策略选择。

一个讨价还价的博弈，并且成功的协商总是通过正和博弈的方式实现的。①

根据博弈规则，博弈分为"合作博弈"和"非合作博弈"。② 在协商过程中，缔约国双方必然努力使解决方案符合自身的利益要求，并为此目的努力说服对方。结果不外乎包括"正和博弈"的合作或者"负和博弈"或"零和博弈"的非合作。③"负和博弈"和"零和博弈"的非合作都不能达到"共赢"的目标。其中，"负和博弈"的结果是各方一无所得，各方对此结果都不会满意。如果缔约国双方在共同协商程序耗费了时间和精力，最终没有达成什么结果，就属于一种"负和博弈"，于是，它们对共同协商程序将丧失信心，遇有税收争端出现时，不再尝试启用这种程序，使协定上的规定成为一纸空文。"零和博弈"有可能激起另一方的愤怒和不满——不过这在政府之间的协定谈判中并不常见，在没有周旋余地的情况下，迫于国内政治的压力，政府往往会选择退出协商程序。只有正和博弈才能达致"平衡"与"和谐"的状态。不过，正和博弈需要一个前提条件，那就是缔约国各方共同怀有在遵循协商程序规则的情况下争取达成结果的意志。

总而言之，共同协商程序也是一种博弈，这种博弈往往有着文明的外衣，那就是双方要依照程序规则进行谈判，争取自己的利益。然而，共同协商程序如果达成一定的结果就需要双方如"交往沟通理论"所描述的那样保持对自身利益的一种超脱，进行客观的分析和交

---

① 缔约国双方在坚持自身根本利益的同时，也适当考虑对方的利益和要求，必要时各方都甘愿做出某些让步，收到"双赢""共赢"之效，博弈论称其为"正和博弈"。

② 如果行动参与人能够达成一个有约束力的协议，就是合作博弈；反之，就是的非合作博弈。

③ 缔约国双方都以追求自身利益最大化为目标，彼此互不妥协，最后各自的目标都未达到。这种"共输"的情况在博弈论上称作"负和博弈"；或者是强势的一方压倒另一方，取得绝对性胜利，即一方全赢，另一方全输的"零和博弈"。

流以求得对"真相"的得知。换言之，该程序的结果应是双方在公正客观基础上的妥协，它是一种双方共赢的"正和博弈"。正和博弈其实诠释了合作的真谛。

二、共同协商程序的缺点及机制重构

从理论上讲，实施有权机构程序并不很难。《经合组织范本》规定了缔约国需要遵循的一般规则。[①] 共同协商程序有益于征税问题的解决，但不可否认，它存在着一些重大缺陷。

纳税人在共同协商程序中没有正式的、受到保障的地位。纳税人没有被要求作为当事人一方出现在协商程序中，该程序是两个有权机关之间带有公务性质的互动。这意味着纳税人没有能力参与程序，也没有机会审查案卷。在现实中，有权机关之间在没有纳税人参与的情况下通过通信或会面来完成程序。另外，即使达成协议，但其协议一般不对外发布，所以纳税人对于案件的解决毫不知情。

由于程序缺乏透明度，税收机关可以根据做出的妥协决定参与协商的方式，或者根本否认争端的存在。有权机关的最后决定可能没有遵守国家法律或协定，也可能受到外部因素（如其他案件）的影响。尽管每个共同协商程序案件应该单独处理，但由于通往谈判桌的道路漫长且艰难，税务机关倾向于在共同协商程序中一次性解决尽可能多的"同类"争端。这种将案件打包的做法无法保证对于每一个具体案件的公平处理。

另外，有权机关程序的开展和争端的解决可能是一个漫长的过程，而对于共同协商程序何时和怎样达成一定结果存在着不确定性。

---

① 具体规则参见《经合组织范本》第 25 条。

双重征税协定没有规定共同协商程序的时间限制，也没有说明实施的方法（许多协定都规定了有权机关程序没有时间限制）。共同协商程序没有双方一定会达成共同意见的保障。① 缺乏对达成决议的要求是整个程序的"根本性缺陷"。

从以上我们可以看到，现行的共同协商程序并没有提供所有可能的步骤和措施去促进争端问题的最终解决，这被私人部门代表和税收官员认为是影响共同协商程序有效性的主要障碍之一。有权机关没得到激励去采取所有的必要步骤促使问题的快速解决，而纳税人也对是否在共同协商程序上投入资源感到犹豫不决。

认识到共同协商程序的诸多缺点之后，经合组织试图对该机制加以改良。2006 年 3 月，经合组织在日本东京召开会议讨论在共同协商程序框架下使税收争端得以有效解决的方式。早在 2004 年经合组织就认识到改变的必要性，并提出改进税收争端解决机制的建议。经合组织建议成员国发布"有关有权机关组织运作和共同协商程序执行步骤的信息"。经合组织官方网站上也随之出现了成员国和非成员国有关共同协商程序的信息。该建议突出强调了共同协商程序缺乏透明度的不足。然而，尽管有权机关发布的一般性信息往往是有用的，但纳税人并不能对争端信息有更多的了解。他们没有参与协商，也无法查阅有权机关为达成协议而进行的书面论证。因此，比起有关有权机关运作程序的一般性知识，那些也许能帮助纳税人衡量和估测他们可以通过该程序实现的目标和结果的信息更加有用。因此，有必要进一步扩大该程序的透明度，将以往的案例发布出来。

在 2007 年改进税收协定争端解决方式的报告中，经合组织财税委员会建议对现行的共同协商程序进行修改，原来程序仍基本保留，

---

① Girish K R. Dispute Settlement Mechanism under Mutual Agreement Procedure[J]. The Chartered Accountant，2004(10)：714.

只是增添了一些新内容。

交流观点对于双方一致观点的达成是有益的，经合组织设想成立一个联合委员会进行口头的意见交换。该委员会可以由缔约国有权机关的代表组成。《经合组织范本》让有权机关去决定这个联合委员会的组成以及规制该委员会的程序规则。如果实际形成了一个委员会，那么缔约国有义务赋予在联合委员会面前申诉案情的纳税人本人或通过代表进行书面或口头陈述的权利，以及得到咨询协助的权利。

另外，为了便于协议的达成，缔约国应同意在程序的结束阶段达成一致意见，同时还可以规定达成一致意见的期限。这种约束条件有利于合意的形成。有权机关可以寻求中立的第三方的意见，或者独立仲裁员的建议，但缔约国拥有最后的裁决权，然而，迄今为止这种可能性还未曾被尝试过。

更重要的是，可以通过运用附加的争端解决技术来改进共同协商程序，在最大限度内以符合原则的、公平和客观的方式最终解决国际税收争端。这些附加技术将使共同协商程序更具有效性。它们的存在可以鼓励更多缔约国和纳税人使用共同协商程序，因为政府和纳税人知道投入到共同协商程序中的时间和努力将很可能得到令人满意的结果。另外，政府也有动力确保共同协商程序的执行更加有效率，以避免还要启动附加程序。附加争端解决技术的引入减少了诉诸昂贵、费时的国内司法程序的可能性。

因此，2007 年经合组织建议通过有约束力的仲裁程序使共同协商程序中的未决案件得到"强制性解决"。建议首先适用共同协商程序，给有权机关两年时间取得对争端案件解决方案的共识，如果有权机关陷入僵局，再将争端提交仲裁小组。

三、共同协商程序与正义

共同协商程序作为在国际税收争端解决实践中发展起来的一种程序，显然是一种经验的累积，其存在本身就说明了它有着令人无法忽视的合理性内核。理性地分析一下，这种合理性内核在于，它为税收协定缔约国双方的政府机关搭建起一个沟通的桥梁，双方在解决争端的强烈愿望的驱使下——这种愿望本来就是出于对和睦、和谐、和悦的向往与追求，对矛盾、不和、争执的厌倦和憎恶——经过漫长跋涉终于来到谈判桌前，准备卸甲弃戈，求同存异，达成对争端问题的共同理解。

税收协定实际上是各种对立要素之间相互作用、相互融合的结果，它本身具有协商性、妥协性及平衡性的特点。其中，协商性和妥协性可视为达到平衡的前提和基础。平衡意味着和谐的存在。在签订税收协定时，各缔约国的税收利益与观念发生了首次交锋，通过协定的谈判过程，各缔约国的利益和要求得到平衡，各缔约国通过适度妥协达成一致文本。税收协定本身是合作正义的体现，缔约国各方排除艰难险阻，缔结协定就是为了在税收的重大问题上进行合作。而在税收协定的具体适用过程中，争端不可避免地出现了。共同协商程序便是使各种争端对立要素重新排列组合，恢复一定程度的均衡与和谐，从而实现合作的机制。

合作可以产生的潜在的共同受益解释了税收协定数量和范围大幅度增加的原因。但国际合作理论家也承认，合作并不总是和谐的。税收争端的出现就是这种不和谐的突出表现。为了解决冲突，各方同意通过共同协商程序解决税收争端问题，这是双方对合作利益的前瞻，它们愿意再一次达成一致和共识，使不和谐的程度降低。但共同协程序并不排除一种可能性，就是谈判双方都坚持自己的条件，无法达成妥协。如果双方缺乏愿心，某一议题尽管可能使双方共同获益，但并不能保证达成合作协议。

为了使共同协商程序产生合作协议，除了缔约国双方要有达成共识的强烈愿望，程序本身还需要尽显公平正义之理念。公平的争端解决机制可以帮助塑造行为者的预期。虽有喧闹和怒气，但制度化的公平程序将降低和疏导冲突。也就是说，程序本身的公平性需要为缔约国双方所认可，双方才会信任它，才会对于它所产生的公平结果怀有信心。由于谈判严重依赖参与各方的信念，各方的主观性必须得到重视。而行为者的信念对行为结果至关重要。如果程序正义无法得以充分体现，那么这将严重影响程序的效力。

程序正义要求一种程序对双方当事人无偏见，公平对待；程序要有充分的参与性，双方当事人应能够充分参与到程序中来，表达各自的观点；要考虑双方当事人的尊严，并给予权利保障；程序正义还要求程序具有透明度，因为"阳光是最好的防腐剂"。

在这种崇美目标的照耀下，共同协商程序有着通往正义之路的一切可能，然而，可能性只是可能性，可能性变成现实需要严格的原则、规则作为铺垫。共同协商程序内在妥协性的本质缺陷使通往正义的路上布满重重疑云。

由于国家对丧失税收主权的深切恐惧，共同协商程序并不硬求国家达成一致意见，所以在经历漫长的谈判岁月之后，共同协商程序可能会发现问题的解决毫无希望，整个过程只是资源的徒然浪费。即使最后达成了某种决定和结果，但由于该程序根本没有时间期限，进度的缓慢可以磨灭一切耐心，熄灭一切期望，一种缺乏效率的程序没有正义性可言。

"阳光是最好的防腐剂"。程序一定要保持自身的透明度，将"五脏六腑"显露在外，接受众人监视，才可能彰显自身美质，暴露缺憾，从而赢得众人信任，这是程序正义的基本要求。然而，共同协商程序偏偏在这一点上有着极大不足。有权机关在决定是否存在争端，是否使用共同协商程序等问题上有着极大的自主权，并且不受任何监督。在共同协商程序中，有权机关的决定可能没有遵守国家法律或协定，也可能受到外部因素如其他案件的影响，这一切都蒙在"暗匣子"里，无人知晓。

在共同协商程序里，纳税人的权利缺乏保障。法律的存在是用来保障人权的，税收协定的目的是消除对有跨国所得的纳税人的双重征税，归根到底也是用以保障纳税人权利的。但在争端解决程序中，却忽视了对纳税人在程序中的地位和角色的考虑和设计。共同协商程序变成了两个国家的有权机关之间的公务互动。纳税人没有被要求参与共同协商程序，也没有机会在委员会面前陈述其意见，对双方一致意见的达成过程和理由也毫不知情，所受到的待遇的情形如同在一个专制社会中的一样。

因此，共同协商程序为了实现其正义的潜在可能性，还需要做出很大的努力。它必须针对已被辨析出来的种种弊端刻意革新，也只有这样，这种程序才可能发挥更大的争端解决作用，切实解决现实中的问题。

四、运用仲裁程序的可能性

处于冲突中的国家可以选择武力或威吓制裁之外的一系列方法来解决争端，如外交途径、调解或妥协、仲裁和审判，等等。这些不同方法之间的区别也许并不突出，国际法律学者传统上将仲裁和审判与谈判或调解相区分，因为前者是根据法律规则达成的一项正式、有约束力的决定。在建立正式的审判法庭之前，各国经常依赖（临时）仲裁来解决争端。① 现代的仲裁时代可以追溯到 1795 年的《杰伊条约》。② 此后不断涌现出大量仲裁庭。国家间的仲裁涉及各种争端，包括国界纠纷、战争期间的财产损失、民事纠纷，以及海上船只相撞等。本书只对税收协定争端方面的仲裁进行讨论。

当今世界的一个显著的国际现象是各国之间频繁缔结条约和协定。尽管国际法律体系缺乏一个中央执行机制，许多条约仍然创设了需要缔约国遵循的义务。然而，各国不能完全预料未来的偶然事件和环境变化，它们也并不总能获得条约解释或适用所需的信息。在这种情况下，第三方争端解决机制有相当大的吸引力，因为它引进了观点没有受到利益或情感熏染的地位中立者。③ 第三方能够通过提供事实或辨析模糊的协定术语的含义来帮助解决协定争端。④ 实施仲裁意味国家税收管辖权将受到仲裁裁决的约束。对于实施仲裁的合法化解释是，缔约国在缔结双重征税协定时已经同意对其税收管辖权所施加的限制，因此它们不应反对为解决双重征税的争端问题对其税收管辖权的进一步限制。

在第 9 届世界法律大会上，国际商会的林登克罗纳（Lindenc-rona）和马特森（Mattsson）关于实行强制性仲裁手段的建议可以被视为税收协定的缔约国在解决国际税收争端的努力失败后取得的一项进展。自 1959 年以来，国际商会一直为使仲裁成为解决税收争端问

---

① 在典型的仲裁案件中，争端涉及的两国各自指定一名主席，由该两名仲裁员再共同指定一名主席。然后，这三人就可以参加仲裁，做出裁决。

② Yoo John. Globalism and the Constitution [J]. Columbia Law Review, 1999 (99)：2071 – 2082.

③ Generally Shapiro, Martin. Courts：A Comparative and Political Analysis [M]. Chicago and London：The University of Chicago Press, 1986：126.

④ 国际仲裁与国际司法程序虽然有很多不同之处，不过它们的共同点是解决争端的过程对第三方的依赖。

题的一种手段而努力。林登克罗纳和马特森关于实行强制性仲裁手段的建议描述了共同协商程序的诸多缺点，号召对共同协商程序进行改革，并引进仲裁程序。凭借在商业仲裁方面的多年经验，国际商会认为商业仲裁是一种成本低廉、公平的解决争端的形式，对企业和政府都有益处，它将通过消除双重征税促进全球经济增长。

认识到仲裁在解决争端方面的作用后，许多国家开始在它们签订的税收协定中加入仲裁条款。1985年，当其他国家还在反对采纳仲裁程序时，德国和瑞士起草的所得税税收协定已经包括了仲裁条款。仲裁法庭的裁决对协定缔约国是有约束力的，但仲裁条款的使用却完全是自愿的。如果仲裁程序的使用是强制性的，那将取得更多的成果。

美国对仲裁程序情有独钟，它是最早倡导仲裁程序的国家之一。[①]它起草了第一个在共同协商程序无法解决双重征税问题时考虑启用仲裁程序的税收协定。除了对仲裁小组的规定之外，美国范本所提供的解决方案与《经合组织范本》的规定相类似。美国在与德国、加拿大、法国、爱尔兰、意大利、墨西哥、瑞士等国家签订的税收协定中都包含仲裁条款。但只有在美德税收协定中描述了仲裁程序的细节。[②]

1984年经合组织在题为《转让定价和跨国企业——三大税收问题》的报告中提出，政府代表们不提倡用强制性的仲裁程序来代替共同协商程序。他们认为，现有证据无法表明对于强制性仲裁的需要，采纳这种程序将是令人无法接受的让渡财税主权的行为。一些年之后，经合组织财税委员会的观点有所变化。《经合组织范本》中没有关注仲裁程序，但1995年的"转让定价指南"指出，1984年之后的形势发展要求重新考虑采纳仲裁程序的必要性。《经合组织范本》解释赞同仲裁程序的使用。有权机关解决双重征税问题因缺乏效率而不

---

① 美国和英国是最早倡导仲裁的两个国家。
② 参见《美国—德国双边税收协定》。

尽如人意，仲裁是所找到的替代办法。经合组织建议将仲裁程序作为共同协商程序的补充和辅助程序。

仲裁程序是一种有约束力的和强制性的争端解决手段，可以弥补共同协商程序的弱点。仲裁程序具有无偏见、透明等特征，还特别容许纳税人参与，因此有利于纳税人权益的保护。做出裁决结果的依据不是某个缔约国的国内税法或税收政策，而是税收协定、缔约国双方的国内法以及国际法原则，因此它是法律适用的结果，而非妥协的结果。如果想有一种富有效率和透明的双重征税争端解决程序，仲裁不失为一种值得尝试的做法。

用以辅助共同协商程序的仲裁机制可以有不同的方式。一种方式被称为"独立意见"方式。当事方根据适用法律将事实和论据交给仲裁员，仲裁员基于对事实的书面分析以及适用法律各自做出独立的决定。还有一种所谓的"最后选择"方法。每个有权机关将一份问题解决建议书交给仲裁小组，仲裁小组从中选择一种最优解决方案。另外，在这两种方式之间还有一些变通方法，如仲裁员在做出独立决定后，不必付诸书面决定，而只需言明其结论。在某种程度上可以说，最恰当的方法取决于所要解决的问题类型。

关于仲裁员的选择，一般来讲，两个有权机关分别选出一名仲裁员，被任命的仲裁员再共同选出一名主席。如果有权机关没有在规定的期限内指定仲裁员，报告中规定经合组织税收政策和管理中心将做出任命。规定一个独立的任命机构来打破僵局似乎很有必要。不必在协议中规定仲裁员的资质，因为选择合格和合适的仲裁员符合有权机关的利益，而挑选一名合格的主席也符合仲裁员的利益。一旦仲裁员被任命，他的角色就是做出中立和客观的决定，他就不再是任命国家的代言人。仲裁员应被允许接触解决仲裁问题所需要的信息，但同时要受到严格的保密要求的制约。为了确保保密性，建议仲裁员成为有权机关的授权代表。如果违反了保密性，就应受到制裁。

通过共同协商程序形成的裁决一般不对外公布。然而，对于理性的仲裁裁决，将其公布可增加程序的透明度。同时，虽然裁决结果不构成正式先例，但是将其置于公共领域会影响其他案件的进程，在以后出现类似争端时可以对同类问题采取类似的解决办法。

另外，经合组织还建议给予当事人避免仲裁的选择，即如果当事方愿意通过行政诉讼程序或法庭来解决案件，那么案件可以不必提交仲裁。这将减少实施仲裁的可能性，因为总是至少有一名"感兴趣的当事方"情愿将案件诉诸法庭而非仲裁。

强制性的、有约束力的仲裁虽然能为双重征税问题的解决带来很多便利，但仍然遭到很多人的反对。其主要反对理由是仲裁条款的实施将要求政府放弃税收主权，将其转交给中立的仲裁小组。然而，当有权机关使用共同协商程序时，它们已经放弃了一部分决策主权，为了达成协议，它必须同另一个有权机关进行合作。

有的观点反对实施仲裁，其理由是它将对国内法主权造成负面影响，即由于仲裁程序不使用国内法，因此居民国割让了解释本国法律的权利。这种论点的错误在于，仲裁程序并不要求使用对多数国际税法实务工作者都很陌生的"外国"法：首先适用的是税收协定，然后是对于国际法的参照，最后才考虑国内法的适用。该程序允许各国有权机关向委员会陈述论据，每个有权机关拥有足够的机会来提出自己对该问题的解释。因此基于国内法主权的理由并不构成有力的反对理由。

正如上面指出的，仲裁委员会首先适用的是税收协定。同所有制定决策的外交方法一样，这里存有一定程度的妥协。对于税收协定的缔结国来说，它们必须认识到税收协定代表了各成员国税收原

则的累积。如同在共同协商程序中，来到谈判桌前讨论、创设一种
对缔约国双方构成约束的法律工具本身暗示着对于"财税主权"一
定程度的放弃。

五、仲裁程序与正义

在发现共同协商程序的弱点的基础上，仲裁程序的引进使共同协
商程序有了进一步得到完善的希望。同共同协商程序一样，仲裁程序
可以通过提供事实方面和法律上相对中立的信息令寻求彼此合作的缔
约国受益。首先，仲裁机构可以通过解释协定术语含义等来帮助解决
冲突；其次，仲裁机构可以发现事实，并帮助建立新的规则，或在新
的或未曾预料到的情境中适用已有规则。仲裁程序比共同协商程序在
正义性上更前进了一步。

参与仲裁程序的双方是否会遵从仲裁结果有一定的不确定因素。
如果服从裁决意味着付出一定的成本，如付赔偿金等，那么这本身提
供了违背判决的动机。但选择服从对于国家也并非无利可图——它保
留了未来再次启用法庭的可能性，因为常规性的不遵从裁决结果的国
家将不再受到信任，其国际形象也将受到很大的污损。只有在法庭运
作良好的前提下（即在争端国家之间进行中立、公平的裁判），仲裁
才可能带来很大的未来利益。也就是说，只有当仲裁程序能够保证提
供公平的裁决时，它才会产生持久的吸引力。①

仲裁程序本身更加趋近正义性。首先，它所适用的是法律（税收
协定、国际法原则和缔约两国的国内法等），而非妥协，其结果是对

---

① 各国只有在仲裁庭能够提供准确公正的判决时才会采取仲裁这种手段。如果法庭无
法满足人们对于公平裁判的期望，或者允许个人偏好、意识形态或法官的爱国主义赤诚影
响判决结果的话，那么遵从将不会发生。各国只有在相信判决是无偏见时才会选择利用法
庭，并遵从其判决。

缔约国有约束力的强制性的争端解决手段。这里面蕴含的刚性成分为该程序添加了正义性的成分。虽然双方的妥协和协调很重要，但国际秩序的形成最终要靠刚性的法律才得以建构出来。条约、法律被制定主要就是为了被适用，保障国际秩序的存在，使各国得以共存和共荣。而争端解决方案如果没有强制性，这将丧失程序的效力和严肃性。经历程序变成了走马观花，只是看一场美景而已。因此，仲裁程序的强制性也是对正义的保障。

其次，仲裁程序有利于纳税人权利得到保障。纳税人被容许在仲裁小组面前陈述其立场观点，程序正义中当事人被一个中立的法庭倾听的权利在此处得到体现。另外，该程序还考虑了纳税人的信息保密权。如果纳税人无法参与程序，从理论上的参与者沦为实际上的旁观者，那么他（她）的处境将是极为凄惨可怜的。另外，在现代社会当事人的隐私权受到保护也是被认可的，它是实现个人的福利所必需的措施。在共同协商程序的基础上改进了这一点之后，仲裁程序的正义性霎时昭然若揭。

美国和德国之间缔结的税收协定对仲裁小组的透明度做了限制：仲裁小组成员必须服从有权机关的保密性程序限制（被采纳的将是最严格的程序限制）；纳税人有了在仲裁小组面前陈述观点的机会，同样这也适用于范本的共同协商程序。仲裁的目的是防止纳税人被任意征税，并使相关的法律和协定具有效力。因此纳税人被赋予被倾听和信息受到保密的权利。与共同协商程序所采取的保密手段相一致，允许仲裁小组将做出决策的理由以书面形式提供给各国的有权机构，但没有提及向纳税人提供该理由。

该程序具有透明度，尽管这个特点被加以限制。如根据美国范本，仲裁小组的透明度受到限制：仲裁小组成员必须同意有权机关的保密程序，并适用两者中最严格的程序限制。公开仲裁决定会增加程序的透明度，并发挥类似先例的作用。尽管美国范本和经合组织的报告中都认为仲裁案件不构成先例，但又强烈建议它们应在公共领域中发挥其影响力。一旦有了被暴露在公共领域中的可能性之后，仲裁案件的裁决必将小心谨慎，生怕失手倾覆正义之天平，成为笑柄。

学者们常常将仲裁庭的效力与其成员的独立性联系起来。当国际仲裁法庭依赖特定国家的善意时，仲裁员被认为具有"政治性"——他们成为一些党派的工具，并因此不具有"合法性"。当仲裁员具有独立性时，他们就具有了"合法性"。仲裁小组不少于三个仲裁员，每个国家应选择同等数目的仲裁员，其他成员可以来自发生税收争端的国家也可以来自争端国家以外的国家。①

国际争端解决程序的启动是另外一个关键性问题。当不仅有国家，还有个人和组织的利益被卷入争端时，国家经常出于政治原因不情愿或拒绝支持其利益受到损害的国民把对方国家告上法庭。国家利益可以与公民的个人利益相对立。因此，个人、企业和民间组织应当被赋予直接接触国际司法机构的权利。②

---

① 《美国—德国双边税收协定》中规定仲裁小组不少于三个仲裁员，每个国家应选择同等数目的仲裁员，其他成员可以来自美国、德国或其他经合组织成员国。这种成员组合就是特别考虑了成员的独立性，以及"合法性"。另外，关于仲裁法庭（小组）的组成除了三人仲裁庭外，还有一人仲裁庭。双方国家可以选用一个仲裁员来解决争端。一人仲裁员组成的仲裁庭做出公正裁决的能力并不比三人仲裁庭逊色，当然前提是找到具备相关资质的仲裁员。

② 就《美国—德国双边税收协定》而言，将《经合组织范本》第25（5）条包括进来的做法具有前瞻性，但仲裁条款有很大的局限性，该条款（包括它所有的限制）与共同协商程序极为相似。有权机关甚至认为仲裁作为争端解决的方式很有前途。但在提交仲裁前须征得双方国家许可的事实也许表明各国并不情愿将制定决策的权力移交给一个中立的第三方，并且似乎它们并不允许总可以得到这种救济方式。

第五章 税收协定的解释与执行

法律规则的表述使用的是一种高度抽象、概括性的语言。而具体的情境总是复杂多样的，因为法律规则的适用常常需要解释。解释是一门艺术：法律规则的解释有多种可能性，如何从这些可能性中选择最适合的解释绝非一项机械的劳作，它需要技巧、直觉，灵活把握那纷繁复杂的细节……然而，尽管艺术是灵动跳跃的，但艺术本身也遵循一定的规律。在本章中本书作者尝试揭示税收协定的解释遵循的是正义性的逻辑。在那些流畅自如的协定解释中，正义性的逻辑隐约可见。

税收协定的执行是对于违反协定行为的惩罚，同时它也是一种威慑行为，借以警戒潜在违规者。税收协定的执行是对于违反协定正义性行为的矫正，它对于保障协定在各缔约国的适用有着不可或缺的重要作用。然而，由于协定的执行可以被看成一种公共物品，所以对于违反协定行为的执行需要得到进一步加强。

第一节 税收协定解释的正义性

《维也纳条约法公约》所规定的解释方法同样也是进行税收协定解释时应遵循的方法，其重要性的排序符合正义性的选择。虽然未被

《维也纳条约法公约》包括进去，但《经合组织范本解释》在税收协定解释的实践当中发挥着重要作用。《经合组织范本解释》不断被更新，在解释中是否适用修订后的《经合组织范本解释》也是一个与正义性相联系的问题。由于有《经合组织范本》第 3（2）条的桥梁作用，税收协定与国内法中的术语含义发生了关联，这时就产生了对于共同解释的需求。共同解释方法经由共同协商程序产生，同共同协商程序相类似，它也是合作正义的体现。

一、《维也纳条约法公约》的解释方法与正义性

1969 年的《维也纳条约法公约》总结了关于协定解释的国际公法原则，其适用于税收协定的解释。具体来说，《维也纳条约法公约》第 31 至第 33 条是关于条约解释的。《维也纳条约法公约》适用于公约的签字国，同时也适用于公约的非签字国，因为《维也纳条约法公约》被认为表达了国际习惯法的内容。

税收协定属于国际法，从这个意义上讲它所采用的解释方法不是国内法的解释方法，而是《维也纳条约法公约》中规定的解释方法。尽管如此，《维也纳条约法公约》中规定的解释方法与国内法中的解释方法差别并不大，因此有必要对其第 31 条中的解释方法加以介绍。

另外，《维也纳条约法公约》所规定的国际法解释规则也未必是各国解释标准的"最大公约数"，它是由一系列持中间路线的解释规则所决定的。譬如说，国际法中的文字解释的地位比它在一些欧洲大陆法系国家中的地位更为重要，但不如在英美普通法系中重要。

各国的税收机关和法院一般使用国内法中的规则或方法来解释税收协定。许多国内法中的解释规则与《维也纳条约法公约》中所提出的十分相似。例如，奥地利法院运用的国内法解释方法有语法解释、

系统解释、目的解释和历史解释等。西班牙法院也运用文字解释、系统解释、目的解释、历史解释、不同语言版本解释等。德国法院运用的解释方法有参照条款的目的、协定不同的语言版本、普通含义、文字方法、后来的协定适用习惯、协定的准备文本等。这些与《维也纳条约法公约》第31条和第32条规定的语法解释、体系解释、目的解释和历史解释等都很相似。这说明国际解释原则实际上与国内法解释所使用的原则并无太大的差异。

（一）文字解释

根据《维也纳条约法公约》第31（1）条，必须对一个术语的"普通含义"加以忠信可靠的解释。这样，《维也纳条约法公约》参考国际法院的判例法立下了文字解释的规范性标准。文字解释只将解释过程转移到一个语言学（描述性）的水平上而没有真正解决它的意义问题。只有当一个人预先对词语含义有所了解时，才能确定其"普通含义"。然而，一个词若结构复杂或是人造的，该词一般很难具有普通或日常的含义，人们对它的含义也就越不可能有"预先的理解"。文字解释因此难以令人满意。

（二）系统解释

由于文字解释不够完善，《维也纳条约法公约》第31（1）条还规定了结合情境的系统解释方法。许多词并没有一个普通含义，但是根据情境可能获得一系列含义。系统解释法自罗马法时代就开始被运用。它要求将词语的（假设）含义放到语义情境中去，利用试错法测试，直到找出在情境中最可信、最具有连贯性的含义。因此，系统解释法不仅包括客观要素，还运用了主观要素。

《维也纳条约法公约》第31（2）条描述了第31（1）条中的"词语

的情境"及系统解释法可以借助的文本和事件的范围。《维也纳条约法公约》第31(2)条规定情境包括协定的前言和附录、与协定的缔结有联系的协议、与协定的缔结有联系的、为其他方所接受的单边文本，但不包括《维也纳条约法公约》第32条中提到的材料。《经合组织范本》解释有时可以用来协助系统解释。从这个角度看，系统解释与历史解释存在一定联系，只是不包括历史解释对于主观意图的考察，因此系统解释法偏离第31(4)条，只考虑被缔约方明确、客观地表明了的内容。

（三）目的解释

除《维也纳条约法公约》第31(3)条之外，《维也纳条约法公约》第31(1)条也提到了"考虑条约的宗旨和目的"，但它没有指出可以在何种程度上运用目的解释法。目的解释法可以是基于协定文本或者《维也纳条约法公约》第31(3)条所提到的文本和事件衍生出的所有宗旨和目的。但如果某种宗旨和目的无法自《维也纳条约法公约》第31(3)条提及的要素衍生得出，则不应运用目的解释法。

（四）主观要素

这里提出在多大程度上协定谈判者的主观意图会影响协定解释结果的问题。根据《维也纳条约法公约》第31(4)条，需要审查缔约方的真实意图，一旦能够确定缔约国双方的真实意图，那么它将先于其他解释方法得到考虑。支持的论据认为，正是主观方法（指对于主观性的法律制定的关注）保证了解释的稳定性和法律的确定性，而所谓的客观解释则依赖法官不断变化的、无数的对于法律适用的偏好。其实，《维也纳条约法公约》第31(4)条的前提——如对表达的限制、必须"确定"真实主张等，以及《维也纳条约法公约》整体规则都导致了向更加客观的解释方法如文本解释等的偏移。

《维也纳条约法公约》第 32 条还提到了准备性工作。准备性工作是在历史解释（主观性）框架内最重要的审视缔约国意图的方法。然而，随着主观性解释变得越来越不重要，准备性工作也沦为一种辅助性的解释手段。同时第 32 条显著地减小了第 31（4）条的适用范围，因为第 32 条暗示，当根据第 31（4）条"确立"了缔约方的真实意图时，就不能再参照准备性工作。

（五）随后的实践

《维也纳条约法公约》第 31（3）条提到了：（a）后来签订的有关协定解释或者条款适用的协议；（b）适用协定的实践行为，该实践行为被确立为解释协定的统一意见；（c）任何在缔约方之间适用的国际法规则。其中，（b）属于演进（或动态）解释法，（c）可视为系统解释的自然延展，因为它包括当协定签订时已经存在的国际法规则。

如果解释只是一门艺术，那么对于各种解释方法就无所谓有无遵循的次序了。但正如前面提到的，税收协定的解释受到一些规则的限制。如果适用法律的人可以自由挑选多种解释方法中的一种以得到他想要的结果，那么这样做无疑会减损这些解释规则的重要性以及确立这些规则的必要性。另外，不同的解释方法有着不同的分量。有些方法源于不可割舍的原则，有些方法只来自现实需要。因此，有必要找到解释规则的一种适用次序，以帮助纳税人、税收机关及法官恰当地选用不同的解释方法。经由这种适用次序规则的探索，我们可以更清晰地了解正当性（正义性）在协定解释规则中的体现。

每一种规范都永远要求受其约束的人或者适用规范的人能够理解它。作为个人或机构之间交流性的组织，法律共同体要求具有认知上这种最低限度的确定性。认知确定性的要求可以说明文字解释的正当性，在理解税收协定的过程中，这是第一层滤网。交流要求使用一种共同语言。① 一条法律规则的解释不能违背其原本清晰的字面含义，关于字词意思是否"清晰"可以有一套严格的测试方法。也就是说，只有当词语含义明确无误时，才应该在所有的解释方法中优先考虑文字解释。德国法院明确地确认协定条款清楚的字面意思必须得到遵守的规则，不可以用其他解释来对抗清楚的字面意思，即使这样做将出现不令人满意的结果或者将与行政机构的做法相违背。

关于其他的解释方法，各国法律或者没有规定各种解释方法的重要性次序（如德国），或者对不同解释方法的重要性次序有着不同的规定。② 在拥有不同法律传统的缔约国中，解释规则并不总是一致或能够相互兼容。在一般国际法领域中，多数国家的法院一般都认为在解释国际协定时应忽略国内法解释原则。然而，税收协定与其他国际协定存在很大不同。例如，普通国际协定涉及的是政治或管理上的事务；协定中规制的事项通常在政府的权限之内，与国内立法没有什么冲突；一般的国际协定中所使用的术语通常与国内法律术语也不相对应。然而税收协定与此不同：它不包含实质上独立的条款；税收协定不产生法律后果，除非至少其中一个缔约国在国内法中设立了相应的税收义务。可以说，税收协定由于其特殊性，特别是它和国内税法之间的特殊关系，要求有特别的解释规则。因此，有必要诉诸其他的解

---

① 这种共同语言更多指的是含义上的共同语言，而非简单的符号上的共同语言。

② 理论上《维也纳条约法公约》的解释原则适用于税收协定，但在实践当中，这些原则的影响力是有限的。税收协定的特点必须得到考虑。税收协定与国内立法之间的特殊关系要求税收协定运用特别的解释规则。事实上，法学家和法院尝试使《维也纳条约法公约》的规则适合税收协定的特性，以使《维也纳条约法公约》在税收协定的解释中具有更大的影响力。然而，有的关键性问题并没有解决。例如，主要的税收协定解释来源——《经合组织范本解释》没有在《维也纳条约法公约》中得到适当的描述和赋予恰当的地位。因此用维也纳规则来解释税收协定并非不可以，至少是不全面的。

释工具以避免对税收协定的扭曲性解释。

从国内法的角度看，常常没有哪一种方法可以被称为主要的解释方法，而是各种解释方法共同参与，形成最终的解释。当依据不同的解释方法无法产生同一结果，而是指向不同方向时，就必须对它们进行取舍。在这里，《维也纳条约法公约》就介入进来。所有的《维也纳条约法公约》签字国有义务主要采用系统解释方法和目的解释方法，历史（主观性）解释只扮演从属性的角色。系统解释方法和目的解释方法都是偏向客观性的解释方法。如果纠缠于历史上立法者的主观意图的话，由于主观性因素有着太多不确定因素——正如一千个观众脑海中会有一千个哈姆雷特的形象，所以将很难说明哪一种主观意图是正确的解释。《维也纳条约法公约》还包括一些其他细节性内容，所有这些规则内容都阻止了各国根据国内法的偏好对解释方法进行任意的取舍、度量，保证税法解释在国际层面一定的公平性。

《维也纳条约法公约》第 31（1）条有一条包揽性条款（blanket clause），即本着诚实信用原则解释协定，该条款可能为各国敞开运用国内法所偏好的解释方法的大门。但由于税收协定有着共同解释的要求，这种便利可能只对法律传统和对法律概念的解释相似的缔约国适用。[①] 因此，对于法律传统相似的国家，国内法解释方法可以通过"诚实信用"原则来影响税收协定的解释。应注意的是，一国对于解释方法的偏好毕竟不是静态的，它必然受到其他缔约国有关法律概念等因素的影响而呈现变化的态势。而国内法律传统有很大差异的国家，主要采纳的解释方法限于《维也纳条约法公约》所规定的解释方法，不过，《维也纳条约法公约》规定的只是最低标准。缔约国可以自由采纳具有关联性的解释方法对《维也纳条约法公约》中的解释规

---

① 例如，对德国而言，这适用于德国与奥地利和卢森堡之间签订的税收协定。

则进行补充，并使其具体化，但前提是它们对诚实信用的原则不能有所贬抑。

从另外一个角度看，各国对于税收协定的解释仍然拥有一定的自主性，这里体现了正义中的自由的要求。然而，在解释的过程中，这种自由是受到制约的，它必须服从于一定的规则，如共同解释的要求、诚实信用的要求等。这种制约对于税收协定的解释是必要的，否则，如果缔约国各自一意孤行，将无法达成一致意见，那么税收协定在实践中将无法运作。

二、《经合组织范本解释》及其正义性

税收协定范本的存在有助于两国之间税收协定的商谈。《经合组织范本》及其解释对于税收协定的解释意义重大。法学家一直在对《经合组织范本解释》所起的这种作用的法律基础进行着争辩。对于《经合组织范本解释》的地位尚未形成统一的看法，这可能是因为目前对于其他国际条约或协定没有相当于《经合组织范本解释》的文本存在。《维也纳条约法公约》确证了能够起解释作用的各种文本（文字），[①] 然而其中没有丝毫提及《经合组织范本解释》的地位。法学家无法从中找到关于《经合组织范本解释》的法律地位的确定或最终答案。

一般认为，《经合组织范本解释》属于"情境"的一部分，虽然《维也纳条约法公约》关于"情境"的定义表面上似乎没有将《经合组织范本解释》包括在内，但它包括"所有缔约方之间订立的与协定的签订有关的协议"。由于经合组织成员国可以通过做出保留的方式

---

① 例如，第 31(2) 条的"情境"，第 31(3a) 条的"协议"，第 31(3b) 条的"随后的实践活动"，第 31(4) 条的"特别含义"，第 32 条的"辅助含义"，等等。

在《经合组织范本解释》中记载它们的异议，那么在没有做出保留的情况下就认为它们同意《经合组织范本解释》中的观点，所以可以将《经合组织范本解释》视为一种协议。还有的观点认为《经合组织范本解释》中包含协定词语的特殊含义，可以认为缔约方希望适用这种特殊含义，特别是在没有声明保留的情况下。至少《经合组织范本解释》可以是解释的辅助手段，用来确证协定的普通含义，或者当普通含义模糊不清，将导致明显荒谬的或不合理的结论时可提供《经合组织范本解释》中的含义作为参考。①

然而，各国可能不太希望《经合组织范本解释》只作为辅助的解释手段，因为这意味着各国可以在不参照《经合组织范本解释》的情况下去寻找某个术语的一种独立的含义，然后再用《经合组织范本解释》进行确证，或解决模糊含混之处。由于制定以及修订《经合组织范本解释》的过程中各国所投入的大量工作，本书作者认为，同时可以推测各国会希望在它们没有做出保留的情况下，进行协定的解释时与《经合组织范本解释》保持一致，这相当于赋予《经合组织范本解释》一种"情境"或"特殊含义"的地位。当《经合组织范本解释》中提出的含义无法从《经合组织范本》或协定直接推演出来时尤其如此。②

鉴于范本及其解释的重要性，另一个重要的问题是在税收协定缔结之后，《经合组织范本解释》的修订是否将影响税收协定的解释。1992年《经合组织范本》以活页纸的形式出版，这使范本及其解释的修订变得更加便利，自此之后，该问题变得越来越具有相关性。

经合组织财税委员会在该问题上持如下立场：协定范本条款及其解

---

①　参见 Article 32 in Vienna Convention On the Law of Treaties(1969)。

②　《经合组织范本解释》自身则似乎在有意无意地淡化其重要性，"虽然《经合组织范本解释》不是用来以某种方式与成员国所签订的税收协定相联系——这一点与作为有法律约束力的国际工具的税收协定范本不同，它们仍然在税收协定的适用和解释上，特别是在争端的解决上起重要的协助作用"。

释的修订如果与协定原本的条款有实质性的不同，那么，这些改动与此前缔结的协定的解释或适用当然没有关系。但其他修订或增加内容通常适用于此前协定的解释和适用，因为它们反映了当前经合组织成员国对于协定条款的正确解释以及对其在具体情形中的适用达成的合意。

协定缔结后修订的《经合组织范本解释》与原本的《经合组织范本解释》显然不属于同一类别。之后修订的解释不能形成协定谈判者意图的一部分，或与协定的签订有关的协议，或包含缔约方都同意的一种特殊含义，或是协定的准备工作，或与协定的签订有关的情境。而《维也纳条约法公约》将缔约方随后达成的有关协定解释的协议，或随后的实践行为所确立的一种协议视为情境的等价物。

另外，《经合组织范本解释》不只是税务机关关于双边税收协定的观点，它反映了所有经合组织国家政府正式承认的国际组织的观点。法院有独立的解释协定条款，给出其含义的义务，这一点无可辩驳，但并不构成忽视修订了的《经合组织范本解释》的理由。制定于协定缔结之后的任何规则都不是不相关的。学者们的许多著作是在有关协定缔结后写作的，并被法院频繁地引用。为什么法院可以阅读这些著作但却拒绝阅读修订了的《经合组织范本解释》呢？只要了解后来的《经合组织范本解释》与原先的《经合组织范本》在地位上完全不同就明白了。

尽管在实践中税收机构和纳税人都不愿意参照当前的《经合组织范本解释》版本来解释之前签订的税收协定，但在许多案例中，法院在确证一个术语的含意时参考了修订过的《经合组织范本解释》，只是并没有对此进行说明。拒绝参照修订过的《经合组织范本解释》会导致《经合组织范本》的弃置不用，并因此无法跟随商业或技术迅速变化的步伐。在国内立法的解释当中，这个问题很常见，所以在解释国内立法时经常会考虑到法律的发展变化，同样的道理理应适用于协定的解释。另外，也可以在解释协定条款时考虑这种变化但不必一定采纳修订的《经合组织范本解释》中的看法，虽然使用修订了的《经合组织范本解释》更容易形成解释上的统一性。①

关于《经合组织范本解释》在税收协定缔结后的修订，这里主要讨论动态解释的问题。动态解释属于演进解释的一种类型。② 演进解释的第一种类型是特殊的历史解释；第二种类型也被称为动态解释，包括法律行为等的有关发展。这些发展在多大程度上可以作为解释的相关要素加以考虑还在被论争着。这个问题与目的解释紧密相连：如果目的范围包括新的目标和愿望，这也将属于动态解释。动态解释在过去的二十年内越来越流行，实际上取代了对于缔约方原始和真实意图的探询。

《维也纳条约法公约》并未对《经合组织范本解释》——主要的税收协定解释来源进行描述，也并未赋予其恰当的地位，但正如前面所讨论的，这并不构成协定解释忽视对其适用的理由。《经合组织范本》的制定和屡屡修改花费了各国大量的时间、精力，是一个不断否定和自我否定的过程，是各国不断寻求最适宜解释的表现，毫无疑问是一种智慧的凝聚，没有理由在解释时被弃置不用。因此，此处关于修订后的《经合组织范本解释》可以根据动态解释的原理对其加以采纳。

通过前面的推理，我们认为可以把《经合组织范本解释》看作（协定文本的）一种情境或特殊含义。情境或特殊含义显然与协定，尤其是协定的宗旨和目的紧密相连，也就是说它是在协定的宗旨和目

---

① Avery Jones J F. The Effect of Changes in the OECD Commentaries after a Treaty is Concluded [J]. Tax Treaty Monitor，2002（4）：102.

② 演进解释是将目前的法律情形与之前的法律情形（如现行的协定生效之前所适用的法律）进行比较而得出的解释。这种比较将产生两种结果：一是采纳将改变目前情形的解释，二是采纳维持现状的解释。

的的基础上发展而来的，前者是果，后者是因。协定避免双重征税的宗旨和目的稳固不变，就像灵魂一样起着统帅作用，围绕这个目的的情境却是不断流动的，易变的。情境属于外部环境，必须适应现实科学技术的发展及人文观念的更新，不断更新自己，这样才可能一直焕发生机。

这种不停歇的变化性其实与本书第一章所阐述的自由理念不谋而合。自由自生命本体最深处涌流而出，它是生命意志的显现，它必然是变动的，不断生长变化着的。正因为《经合组织范本解释》的修订承载了这些理念，所以它们理应在税收协定的解释和适用过程中不怠倦地发挥其影响力。

三、共同解释及其正义性

为了实现税收协定的目的，特别是避免国际双重征税的目的，缔约国双方有必要对税收协定中词语的含义形成一致意见。一般来说，不应参照国内法来确定税收协定中词语的含义，除非国内法中对该词语的含义有着明确规定。如果税收协定和国内法运用了相同的法律术语，两种规范体系的自主性使协定术语不能自动获得国内法中该术语的含义，除非协定明确指出在使用国内法中的含义。然而，对于遵循《经合组织范本》的税收协定来说①，根据《经合组织范本》第3(2)条的规定，国内法一般与税收协定的解释相关联。学术界和实务界广泛认为税收协定需要一种统一和中性的解释。缔约国双方需以相同或类似的方式理解协定条款，法院在解释协定时需要考虑缔约国双方的利益。这种帮助双方获致统一的解释的机制就是要讨论的共同解释方法。

---

① 由于《联合国范本》也是在《经合组织范本》的基础上发展起来的，其实这也就将大部分税收协定包括在内。

　　一般认为，缔约国双方对于国际协定应有统一的解释，即所谓的"共同解释"原则。如果协定中包含了《经合组织范本》第25(3)条的共同协商条款，税收协定的缔约国在解释税收协定时，必须尊重《经合组织范本解释》关于共同解释的要求，并有达致共同解释的义务。根据字面意思，该条款要求缔约国的有权机关（如税务行政当局）努力通过共同协商程序解决有关协定解释上的所有困难或疑问。《经合组织范本》第25(3)条关于共同解释的基本目的对于国内税务法庭也是有约束力的。

　　一个税收协定被适用是因为有对它的需求。如果税收协定通过历史性的缔结过程产生之后，缔约方一直没有修订它的意图，那么这说明在当前它是被需要的。税收协定之所以能够被适用是因为它被要求具有适用性。缔约方的同意形成了税收协定的适用性。因此，解释双边税收协定必须从缔约国双方的角度来考虑，在相关问题上努力达成合意和共识，在达成合意的过程中需要保持极为复杂和微妙的均衡性。由于目前的税收协定大部分是双边的形式，因此，毫无疑问，双边的解释方案——共同解释是最恰当的解释。

　　世界范围的税收协定实践表明，税收协定的解释不仅在不同国家的案例法中有差异，在特定的国家对于协定的解释也常常并不明朗，而是存有相当大的疑问。为了解决《经合组织范本》第3(2)条的模糊性所带来的各种问题，可以诉诸《经合组织范本》第25条的共同协商程序。设立双方国家有权机构之间取得一致意见的机制——即共同协商程序——是必要的也是有实际用途的。正义的公平性要求"不偏不倚"，行于"中道"，只有从双边的角度考虑，才可能行于"中道"，形成公正的、对各方不持偏见的解释；同时，经由共同协商程序得出的共同解释也体现了合作正义。

　　共同解释并不强求完全一致的解释，各个法院可以在经过谨慎细致的考虑之后，自由得出与其他法院（如外国法院）不同的结果。但法院应当选择最适合税收协定的解释，因为这样的解释才有更大的可能性被外国管辖地法院所认可和采用。

共同解释的国际法渊源主要包括以下几方面。首先，根据《维也纳条约法公约》第31(1)条，缔约国法院有必要根据国际协定的宗旨和目的达成共同解释。税收协定是缔约国自愿签订的避免国际双重征税的合同。所有的税收协定都旨在避免双重征税和双重不征税。该目标被视为税收协定解释的指导性原则。条款的解释只有在保证这个目标的实现的前提下才是有意义的。在许多情况下，如果两个缔约国对于同一协定术语有着不同的解释，将无法实现避免双重征税和双重不征税的目的。其次，共同解释的法律必要性可以从《维也纳条约法公约》第31(3)条推导得出。的确，该条款并没有明确要求缔约国寻找一个共同的解释，但如果相关国家对于解释没有取得一致意见，那么第31(3)条将没有什么意义。最后，可以引用《维也纳条约法公约》第33(4)条说明共同解释的必要性，该条款明确要求，在有疑问的情况下，应该找到"最能够调和不同文本"的含义。虽然这种说明针对的是税收协定不同的语言版本这种情况，但它表达了税收协定解释所内含的一般性概念。①

共同协商程序缺乏效率和透明度，其结果对双方缺乏约束力，这使得实践中共同协商程序的优势无法充分发挥出来，对当事人的吸引力大为减少。令人遗憾的是，目前还没有什么双边解决方法能够满足国际经济关系的快速发展对速度的要求。正义性要求共同协商程序必须加以改进，提高达成共识的效率，增加所达成的结果的强制性和约束力，以使该机制可以更有效地被启用。

---

① 参见《维也纳条约法公约》第31条。

第二节　税收协定执行的正义性

所谓的囚徒困境指的是如果每个人都试图使自己的获益最大化，那么所有人将得到较坏的结果。[①] 理智的做法是建立一个囊括所有人利益的联合体，在这个联合体中每个人都保证不伤害别人，那么他自己也就不被别人伤害。但这个联合体并不稳定，除非它有相应的制裁手段作为支持——每个潜在的违规者都应该明白如果他违规的话将受到惩罚。至少人们需要确信，罪行将受到报应，违反法律将会受到惩罚。正义在这个意义上是报复性的，它要求作恶者付出代价。这也是亚里士多德所谓的"矫正正义"。税收协定执行的正义性在于它对违规者进行制裁，使违规者为其违规行为付出相应代价。税收协定的执行保障了协定目标的实现；如果违规者可以任意逃脱制裁的话，税收协定将不会得到认真的遵循。

一、税收协定作为契约和立法的双重性质

税收协定是缔约国之间订立的契约；它只施加主权国家同意承担的义务。作为契约，税收协定"通过创设（缔约国双方之间的）法律权利和义务"来达到缔约方实用主义的目的。与私人之间缔结的契约相似，税收协定是基于共同同意基础上一种自愿、互惠性质的承诺。税收协定的适用和解释的许多规则与契约的设立、解释和缔结原则有

[①] 如果个人只考虑自己的利益，他将得到更好的结果。前提是别人都不这么做，而他忽视其他所有人的利益；然而，如果他的利益被别人所忽视，那么他将得到更坏的结果。

关。例如，税收协定要求缔约方有缔约的能力并需要取得它们的同意。税收协定谈判的方式——通过居民国和来源国各自对于征税权的让步——也表明了缔约方把税收协定作为一种契约的理解。

契约这种实用主义模型可以用来描述税收协定，不过，契约模型并不涵盖税收协定所有的功能，例如，契约模型不包括公共表达和规范、价值表达和国家身份塑造等内涵。

税收协定是一项立法成果；它通过创制法律规范对国家的行动自由做出限制，并要求国家放弃一部分税收主权。作为立法，税收协定在协定的法律框架内阐述了缔约国共同同意的规范，并制定了国家间的行为规则。税收协定属于国际法。税收协定的制定推进着更大范围内群体的利益，它为之奋斗的理想——减免双重征税以促进自由贸易的发展，以此促进世界整体性福利的发展，甚至那些非缔约国也将从中受益。[①]

现有的税收协定主要是双边协定，然而，比起双边协定，多边协定是许多立法构想更具表现力的载体。在联合国体制中作比较时可以发现，多边协定人权条约的设计是为了吸引最广泛的参与，使之在各国普遍适用。解决全球范围内双重征税问题的多边税收协定同样也具有普适性的特征。多边税收协定是各国共同参与的协定，它对各缔约国有较强的约束力，因此它能够在避免双重征税的基础上，世界范围内实现商品、资本、劳务和服务的自由流动，并促进经济及其他活动跨国界的开展。税收协定对于主权问题有着特殊敏感性，多边税收协定的最终缔结将意味着各国在主权转让问题上达成更高层次的合意，意味着税收共同体的成立，而这将有力推动其他领域多边协议的达成和发展。

————————————

[①] 很简单的例子就是，税收协定有利于各国之间合作机制的发展，而这种合作机制在实践中一旦发展起来将令各国在更多的领域中受益。

税收协定的契约和立法性质并不相互排斥；许多协定也都同时体现了两个特征。尽管如此，视税收协定为法律的观念仍然处于弱势地位。实用主义观念和国家对本国利益的追逐仍然是塑造国际政治和国家对外政策中最强势的力量——这直接导致对税收协定持工具主义立场的国家中违反税收协定行为的发生。

各国常常对税收协定持工具主义态度，很容易忽视税收协定规范的权威性和自主性。作为公法体系的组成部分，税收协定规范具有法律性和权威性。税收协定规范要求被遵从，不管是否会因此为国家造成不便或者是否符合国家的短期利益。国家对税收协定规范的遵从应超越或独立于国家的工具主义考虑。另外，税收协定具有独立身份，它的存在与协定的缔约国相分离。税收协定规范独立于缔约国利益，遵从协定规范成为一种制度利益和制度要求，超越缔约国免受协定违反行为直接影响的考虑。然而，对外政策建立在自我利益和权力政治基础上的理性国家并不重视协定规范的非工具主义作用。除非社会福利分析能够提供有说服力的理由，否则这些国家不太可能抑制协定违反行为的发生。如果刻意操控对于协定违反行为的反应，工具主义观念甚至会颠覆执行机制。①

二、税收协定的执行是一种公共行为

本书所讨论的税收协定的执行与协定的实施和适用是不同的概念。税收协定的执行指的是执行依据协定所规定的法定程序而做出的裁决，警戒和惩罚违反税收协定规范者，引发和强化协定遵从行为。执行属于制度性的制裁方式，它不仅具有威慑力，并且能够强制制止

---

① 例如，一个违反协定者可以贿赂税收机关，使其对协定违反行为无动于衷。其产生的结果是税收协定的规范性和法律性特征的颠覆。

不遵从行为。①

与正面激励手段不同，威慑性制裁的性质决定了只有当所有事前引发遵从行为的努力宣告失败后它才起作用。② 这意味着只有当协定违反行为发生之后才可以诉诸这种手段。威慑性制裁与协定违反行为之间的关系是暂时性的。

可以想象，政府将能够产生威慑性制裁效果的工具交给某个机构掌管是很困难的事情。政府不会愿意失去对威慑制裁工具的控制，如将对银行、贸易等的管理控制权交给一个协定机构，以使该机构可以施加惩罚性进口关税或冻结资产等手段来应对非遵从性行为。因为这样做将严重削弱一个国家的自主性和主权控制。因此，制度性威慑制裁提出了集体行动的困难的问题。这种困难也从一个侧面说明了事后执行无法完全被事前激励所取代。

税收协定的执行——通过制度性威慑制裁手段——被认为是一种公共物品。

首先，制度性制裁是强化税收协定遵从行为的工具性手段。通过制止缔约方逃避履行承诺，制度性制裁保证了税收协定的有效性，并使缔约方获得税收协定规定的交易利益。而税收协定的有效性和交易利益的维护将使缔约国对于税收协定的效力能有真切、确实的期待，从而维持它们对于税收协定本身的信心——这对于所有缔约方都是至关重要的。

其次，制度性制裁表达了缔约国维护税收协定规范的决心和遵守一般性法治原则的承诺。保证税收协定的有效性和维护缔约国通过谈

---

① 威慑性的制裁机制通常被比喻成"大棒"，它是事后引发遵从行为的方式，主要依赖负面惩罚来产生效果。

② 与负面威慑性制裁形成互补的是正面、积极的激励措施，它同样可以用来产生遵从行为。依靠正面激励来产生遵从行为的方式有管理型和转化型等。正面激励是一种事前激励方式，旨在防止非遵从性行为的发生。

判达成的交易利益实际上是执行的工具性功能。然而，除此之外税收协定的执行还具有推进规范性目标，包括维护缔约国对于履行协定规范和法治原则的承诺，普及协定所蕴含的价值等重要的非工具性功能。维护税收协定规范是协定执行表意功能（expressive function）的体现。遵从行为的强化并不是评估税收协定执行机制有用性的唯一标准，即使在国内税法体系中，威慑性制裁也没有带来完美的遵从效果。对于税收协定执行的完整理解必须考虑它的表意功能及它在维护协定规范方面所扮演的角色。

根据建构主义的理解，税收协定不仅是实现避免国际双重征税和逃税行为的协定目标和利益交换的实用性工具，它还发挥着非工具性的作用，如参与共有价值观、国家利益或新的国家身份的构建等。其他许多国际协定也都发挥着类似的作用。就人权保障条约而言，国家在遵从人权保障条约的规范时常常只是为了维护这些条约规范本身，就如同一个人被要求遵从康德的绝对命令一样。服从这些条约规范是本质上正确的行为，因为这些规范的实施不只是实现协定目标的工具性手段，它还重申了道德和伦理对于人类行为的意义。与此相类似，《联合国宪章》确认了成员国作为国际社区一分子的身份，同时也对成员国的行为有着确定的期待。因此，《联合国宪章》的规范同样起到了利益分享和身份表达的作用，它勾勒出了一幅由成员国组成的共同体的图画。

如果税收协定被视为缔约国在规范条文、利益和身份上达成合意的表现，那么非遵从性行为就是对合意的侵犯。或者说，违规者的非遵从性行为属于另外一个规范世界。税收协定的执行对于协定所建构的协定规范共同体的存在是必要的。这里的执行指的是制度性制裁，它并非道德上中性的表现，而是一种对非遵从性行为的反对和谴责。税收协定得到有力执行也说明了税收协定法律制度本身对于协定违反行为的重视，它还暗示了其他缔约方也在密切"关心"税收协定规范及其被违反的情况。因此，税收协定的执行通过这种方式维系着税收协定规范共同体的持续存在，并保护所有缔约国和纳税人的利益。保护和维持税收协定规范共同体的存在和运转将产生长期利益，并推进协定整体目标和宗旨的实现。各缔约国对于税收协定的自愿遵从度也将随之提高，而惩罚性的矫正措施将逐渐变得越来越没有必要。

税收协定的执行除了能够强化实体性规范，还能够强化一般性的法治原则。国际关系中最近几十年来越来越强调法治概念。一般认为，（制裁性）执行行动是"利他性"的，并且独立于各国的国家利益——这是法治加强的一个表征。遗憾的是，执行干预在国际税法领域并不常见。

法治原则作为一种规范存在于所有国际协定中，从更一般的层面来说，它存在于整个国际法中，因此有必要对它加以关注。法治对于复杂的国际社区的安全和福利极其重要，因为它保证了成员国之间的有序状态。法治原则要求人们不是出于便利性或个人利益，而是根据法律上的正确性来采取行动。国际社会的存在正是由于对法治原则的坚持。① 法治原则使国际社会避免陷入混乱的无政府状态，确保了秩序的可预知性，从而保障正义的普遍施行。制度性制裁消除不受法律约束的无政府状态，被视为一种公共行为。

税收协定的制裁机制将在两方面加强法治原则：第一，确保对于协定违反的执行是无偏见的，并且是依照法律进行的，从而保证其合法性和公平性。制度性执行能够确保税收协定执行的合法性。强制性制裁的使用是否具有妥当性常常难以确定，因此需要制度化的控制方式对其进行限制。税收协定制度性制裁提供一种无偏见的执行方法，

---

① Fallon Richard. "The Rule of Law" as a Concept in Constitutional Discourse [J]. Columbia Law Review, 1997 (1): 7－8.

解决了制裁的恰当性的问题，减少了使用无法律正当性的威慑性制裁的风险。没有哪一个协定缔约国愿意自身成为武断制裁的对象，而制度性执行将使它们获得免于受到武断制裁的自信。

制度性执行可以减少制裁成本，增加有效性；合法化制裁将遭遇较小的抵制阻力和报复行为。如果制裁严重缺乏合法性，将可能受到很大对抗，税收协定的整体效力也将大为削弱，税收协定所有缔约国都可能因此而遭受损失。

第二，"有约必守"是国际条约中的著名信条，即各缔约国毫不妥协地履行协定义务的责任，它也说明法治原则的重要性。法治原则要求缔约国履行协定中的法律义务，即"有约必守"地遵守法律规范。"有约必守"不同于其他所有的协定规范。在所有的协定中，该规范都是必不可少的，所有的协定承诺都预设了该规范的存在，因此它又被称为"超级规范"①。它宣示了法律必须被遵守，法律不能简单等同于咨询性的指导纲要。

"有约必守"具有重要的表意功能，它代表着对法律规范必须被执行的期待，即使这样做会带来不便或不符合国家的短期物质性利益。因此，遵从不只是自愿的道德举动，而是在履行一项基本义务。② 严格的协定执行将使"有约必守"的"超级规范"在国际层面得以实施，并产生更高水平的自愿遵从度。同时它也将减少未来对于协定执行的需求，并降低未来的协定执行成本——国家可能愿意在未来缔结国际协定时做出更多的承诺。相反，不执行或不充分的协定执行会使遵从协定的国家产生屈辱感，并对协定的整体公平性产生怀疑，从而减少对于协定的承诺。

---

① Kelsen Hans. General Theory of Law and State [M]. Massachusetts：Harvard University Press，1945：360－75.

② Abbott ，Kenneth W，Snidal，et al. Values and Interests：International Legalization in the Fight Against Corruption [J]. Legal Studies，2002（31）：141.

三、强化税收协定的执行

正如前面所提到过的,税收协定的执行是一种公共行为,这意味着税收协定执行机制的设计是税收协定的一个重要方面。然而,这个任务却由于集体行动的困难而变得复杂化了。惩罚非遵从行为的执行行为遇到困难还与协定遵从,以及协定执行的规范基础的脆弱性有关。在国际税收实践和决策制定过程中,税收协定的工具性观点占据主导地位;对于遵从和执行的非工具主义的规范意义上的考虑,则处于次要地位。由于缔约国难以对税收协定执行的规范利益做出正确衡量,实践中税收协定规范的权威性和自主性已经遭受侵蚀,而这一点正成为遵从协定规范的重要障碍。

税收协定的执行问题的根源在于国际社会的无政府特征。有的观点认为,税收协定中现有的共同协商机制软弱且缺乏效力,税收协定执行问题的相应解决方案便是采用更有效力的仲裁机制。这是一种相当流行的观点。改革现有的共同协商机制的确很有必要,然而,虽然执行的一些困难是由于共同协商机制的软弱性和无效性造成的,但是执行问题的最重要根源却不在于此,而是国际社会的无政府状态。正是国际社会的无政府特征导致了公共物品问题无法得到解决。如果协定执行是一种公共物品,那么集体行动和对策性行为的问题会立即显现出来。作为一种公共物品,协定执行必须克服集体行动的困难,即让部分国家承担执行成本的情况。①

无政府状态并不意味着国际法不认可执行的权力,或者这些执行

---

① 如果执行成本比不执行成本要高许多的话——如单边制裁经常遇到的那样,那么将没有国家愿意进行制裁,即使协定违反情况很严重,或者执行可以创造整体利益。税收双边协定中的共同协商机制的低利用率也说明了各国仍然存在着严重的对策性行为。

无力；即使现有执行机制可以产生有力的强制性效果，但与非遵从性行为相比这种机制所产生的效果仍显得逊色很多。现有执行手段的运作之所以举步维艰，难见成效，是因为缺少一个跨国权力机构进行指导和协调，那么在国家利益的驱使下，有的国家难免会做出违反协定的行为。

改变这种现状主要有三种途径。

第一，采纳多边税收协定的形式，并实施有约束力的仲裁。如果所有国家都被纳入统一的规范体系当中，当有一个国家违反协定时，它将要面临的是所有成员国的制裁和它在这个体系中受到的集体不信任和谴责。这种威慑力比双边税收协定中的威慑力要大得多。

国际协定包括双边和多边制裁机制。各种协定执行机制的强制力有很大不同。双边执行机制主要包括两个国家之间的争端解决机制。《关税及贸易总协定》（GATT）/世界贸易组织（WTO）中的执行机制是最著名的双边执行机制的例子，它允许一个国家在发现对方国家有不遵从行为时，对其实施贸易制裁。在实施制裁前必须得到《关税及贸易总协定》/世界贸易组织的正式许可。在当代，双边的争端解决条款在协定中经常出现。然而，它们往往缺乏明确的权威性以造成有约束力的后果。争端解决主要依靠调解、妥协和无约束力的仲裁。

除此之外，历史经验表明，许多协定中的执行机制并没有得到充分利用。多边制裁机制被利用的机会似乎比双边机制的机会更少。安理会是最著名的多边机制，尽管它拥有最大的强制性制裁权力，但安理会很少进行干预，因为五个常任理事国中的每一个都拥有否决权。因此，在多边税收协定中，双边执行机制比多边执行机制更多地被采纳。在很多方面多边税收协定中的执行机制都可以借鉴《关税及贸易总协定》和世界贸易组织中的仲裁体系。

当无法通过正式的国际法庭来解决争端时，各国常常依靠各种非正式的机制包括仲裁来解决争端。仲裁的历史与外交一样古老。古希腊人、中世纪的封建地主，以及早期欧洲新兴国家的领导人都曾使用过仲裁这种手段。现代仲裁一般追溯到《杰伊条约》。该条约规定革命战争中发生的未决索赔可以交付仲裁。仲裁在拿破仑战争后变得非常普遍，并盛行于 19 世纪后半期。尽管今天已经出现了大量的正式法庭，它们吸引了一些本来会交付仲裁的争端，但仲裁仍然是解决争端的一种重要手段。

仲裁有很多种形式，但本质上它主要通过选择一名或更多仲裁员来解决两个（或更多）国家之间的争端。有时国家对仲裁员人选表示同意，但更多时候，每个国家分别选出一名（或更多）仲裁员，然后由选出的仲裁员共同指定（同等数目的）中立仲裁员。国家指示仲裁员对一定（相当狭窄）范围内的法律或事实问题做出裁决。仲裁员经常依靠传统习惯或成文法规则，但也可以提出自己的程序规则和证据规则。所有这些都是一个高度依赖型法庭的特征：仲裁法庭在事后被指定，只有发生争端的国家可以出现在法庭面前，法庭只在争端解决期间存续。

《关税及贸易总协定》设立于 1947 年。开始时它被用作国际贸易谈判的临时性框架。但创设国际贸易组织的协定未被美国批准后，该框架的适用被无限期延长。《关税及贸易总协定》的宪章并没有为贸易争端的正式裁决提供一个场所，因此各国将贸易争端的仲裁问题提交给 GATT 秘书处主持。

《关税及贸易总协定》是正式的仲裁机制。如果咨询程序宣告失败，一方当事国可以请求成立一个审查小组。如同在普通的仲裁程序中，只有在双方当事人都同意的情况下才会指定审查小组。双方当事人必须对小组成员名单取得一致意见，而在达成一致前可能会拖延相当长的时间。在小组审理完案件并做出判决之后，《关税及贸易总协定》成员国以全体同意的形式决定小组裁决是否被采纳。由于这个程序同时也需要当事人双方的同意，因此败诉方很可能阻碍对于小组判决的采纳。

如果小组裁决被《关税及贸易总协定》采纳，但败诉方并不遵从，胜诉方就会要求《关税及贸易总协定》授权实施制裁。而这时败诉方又可以阻挠这种授权。基本上每个案子都会有这种结果。因此，虽然败诉国通常不会阻挠采纳小组不利于它们的判决，但它们通常会阻挠通过针对它们的制裁。于是胜诉方不得不决定是否实施单边制裁，而实施单边制裁将是对《关税及贸易总协定》的违反。美国经常采取单边制裁方式。1989 年，《关税及贸易总协定》被修订，其中最重要的创新是废除否决小组实施制裁的权利。然而，否决采纳小组报告的权利仍然保留着，《关税及贸易总协定》体制仍然具有高度的依赖性。

近四十年来，通过非正式的小组机制处理的贸易争端有几百起，然而，该机制的运作效果一般。成员国可以阻碍或推迟小组的成立，以及对裁决的采纳，并且它们经常会这样做。使用该程序为成员国带来的挫折感容易引发对该机制的逃避。因此，有些国家很多年没有使用《关税及贸易总协定》所规定的争端解决机制，而是转而依赖单边的报复手段。

《关税及贸易总协定》中的仲裁系统以及其他方面的问题，促使成员国于 1995 年成立了世界贸易组织。GATT 是具有高度依赖性的争端解决机制，而世界贸易组织则是具有高度独立性的机制。

1995 年达成的争端解决谅解书创设了一个更正式的、类似法庭的裁判制度。当咨询程序未获成功后，上诉方有权请求争端解决机构（DSB）指定一个审查小组。如果上诉方提出请求，那么除非受到所有争端解决机构成员国的反对，由世界贸易组织所有成员国组成的争端解决机构必须创设一个小组。由于上诉国一般不会同意放弃起诉，所以一致性规则使审查小组的成立成为必然。虽然缔约国可以推荐个人作为小组成员，但如果有关方无法达成统一意见，世界贸易组织主任可以直接任命小组成员。因此刻意阻碍小组成立的做法无法成功。除非当事方另作安排，审查小组由三个人组成，他们均是非争端国国民。审理小组听取了案情陈述并做出裁决之后，该裁决将被争端解决机构采纳，除非受到所有成员国的反对。由于胜诉国也是争端解决机构成员国，因此它可以挫败任何其他国家拒绝采纳该裁决的企图。对于裁决的采纳将自动发生。

争端解决机构创设了起诉程序。常设控诉机构由世界贸易组织的七个成员国组成。上诉小组通常由从控诉机构成员中随机选出三名代表组成。因此案件不一定由当事国的国民审理。控诉机构的决定将被争端解决机构所采纳，除非受到所有成员国的反对。

如果败诉方不遵从被争端解决机构采纳的裁决，那么争端解决机构可以执行制裁。这里同样适用合意规则：败诉方只有在得到所有争端解决机构成员（包括胜诉方在内）同意的情况下才可以避免受到制裁，制裁将自动生效。

第二，改变国家对协定执行价值的态度。工具主义观念的盛行导致有些国家对税收协定的执行置若罔闻。态度的改变极其困难，只有当国家认识到协定执行具有价值并可以带来利益时，它们才会放弃原本的对于税收协定的工具主义观念（或者说它们换上了新的工具主义观念），从而认真地执行协定。可以考虑通过改变缔约国对于执行价值的看法来加强执行。与转变国家对于执行和遵从的态度一样困难的是改变规范、价值和身份。需要将税收协定规范和法治精神融入国内法律和法制文化中来改变国家关于执行的态度。也就是说，要将税收协定规范内化，并重新构筑政府对国家利益的看法。

这实质上是通过促使国际行为者发生内在改变，即转变国际行为者自身来引发遵从行为。之所以发生对协定规范的遵从行为，是因为一个人（国家）相信他应该那样做而不是因为他被强迫那样做。并不是只有自我利益、物质好处、安全和权力能够影响行为，价值、理念和身份同样影响着国家行为。因此，应更广泛地运用这些非实用主义的影响力因素，而不是仅仅通过服从法律的义务来产生效果。

根据国际关系的建构主义理论，转化之所以发生，是因为国家身份和利益是社会建构的产物。不像制度主义模型那样通过调整激励来达到遵从效果，这里关注的是改变国家行为者自身的价值观、理念、身份和利益。如果国家发生了内在转变，它们出于自身意愿而遵从协定，那么执行就成为不必要的了。

跨国法律过程理论认为国际法律规范、价值和信念可以通过重复性的互动过程、长期的理论探讨及说服政府和非政府行为者的努力而使其内化。该理论认为，本质上，国家可以通过被"社会化"而接受国际法律体系中的价值观和规范，正如孩子通过教育和其他社会过程被社会化，从而接受一个社会的价值观和规范一样。这种建构主义手段的吸引力在于它强调合作和非对抗性方法。积极的措施，如教育、说服和技术协助等创造了接受义务的压力。相反，传统的威慑性制裁可能是不必要的或起反面作用的，因为它们唤起怨恨、敌意和反抗。

第三，加强国际体系中的法制建设。如果法治观念在国际范围内建立起来，这将更有利于协定的执行。当协定的执行成为一种信念和习惯后，那么它的执行将如顺水行舟，丝毫没有牵强感。

改变发生的困难在于如何鼓励各国将税收协定规范融入国内法律体系中，以便它们根据协定规范做出统一的执行反应。换句话说，这是一个法治的问题。自由主义理论家认为，国际体系中的法治部分取决于各国是否在国内治理中坚持法治原则。因此，推进民主和法治在政治体系中的地位是强固国际范围内的法治的有效途径之一。有些学者，如安妮-玛丽·斯劳特（Anne–Marie Slaughter）和劳伦斯·赫尔弗（Laurence Helfer）等也建议将国际制度与国内制度中的法治目标如国内法院体系的建设相联系，这将大大促进法治目标的实现。事实上，替代正面激励的方式就是令不遵从行为付出更高的成本。

另外，过程的反复性和长期的交往互动能够减少搭便车行为。时间维度的延展，以及互动重复的可能性增加了奖励合作者和制裁背叛者的机会，从而提高了执行的合作水平。社会结构和社会规范对于违规者的制约可能也同样具有影响力。这样，不遵从行为将受到遏制。

第六章　多边税收协定——税收协定的发展趋势

　　现有的税收协定大部分是双边的形式。然而，在一个全球化的世界中，多边税收协定有着得到发展和普及的可能性和可行性。如果说双边税收协定所建立的哲学基础是现实主义的话，那么我们可以从一种伦理学思想——世界主义来理解多边税收协定的真谛。多边的协定形式对于人的意识不可避免地产生深刻的再塑作用。人类的眼光将不再局限在自己的国家之内，伴随多边税收协定的发展还将展现文化发展新的可能性。

第一节　单边—双边—多边税收协定

　　居民国和来源国税收管辖权的重叠产生了双重征税问题。各国在避免双重征税这个问题上有着共同利益，因为它们都想实现经济自由化为国家带来福利——从它们给予本国纳税人单边的双重征税减免上可以看出这一点。在自我克制的基础上，几乎所有国家都通过国内税法中的抵免法或免除法避免对纳税人在来源国取得收入的双重征税。这与国际贸易中降低关税壁垒的做法形成鲜明对比——在国际贸易中很少有哪个国家会采取降低关税的单边行动。这种差别的形成在国内层面上的原因有两个：首先，单边税收减免把优惠让与本国居民，而降低关税壁垒则把优惠让与了外国人，其结果不利于本国生产者。由于本国居民将从税收减免中受益，所以各国更愿意放弃征税。其次，国内的利益集团没有因国家提供单边税收减免而受到损失。单边税收减免意味着自愿放弃税收收入，这对于公共支出可能造成不良后果，但这种不良后果是由整个国家来承担的。国家这个庞大的组织无法发挥有效的政治影响力。因此，各国提供单边双重征税减免以收获经济自由化的长期利益的动机没有因国内政治因素的影响而减弱。

显然，不同的税收管辖地不一定要缔结税收协定才能够和平共处及保证经济要素的流动性。然而，对跨国收入的征税并不依据潜在可能发生交叉的国内法规则，它遵循的是税收协定中的规则。如果各国有提供单边双重征税减免的动机，那么为什么还需要缔结税收协定呢？这主要是出于对现实情况的考虑：不同税收制度的存在令单边主义无法确保国家之间统一的互惠行为。税收协定的契约性质使它能针对跨境活动的税收减免提供相应的措施。避免双重征税协定的产生建立在理性和共同标准之上，它是在一个征税权力相互交叉、重叠的世界中保持秩序的必要。此外，税收协定的缔结还能够产生其他利益，例如，税收协定的缔结将降低行政和执行成本（如信息交换条款可以使税收逃避变得更加困难）。还有，外国投资者所要求的法律确定性由于税收协定的存在得到增强。双重征税可以通过单边形式得到消除，而其他的利益本质上要通过与其他国家缔结协定、进行合作才能够获得。

通过缔结税收协定能够获得的最重要的益处与各国对于税收收入和其他经济利益的分配有关。总体上说，可以把国家之间避免双重征税的行为看作一种存在分配冲突的合作博弈。单边税收减免显然比不减免双重征税的做法是一种进步，但同时它把征税权和征税收入留给来源国，而居民国投资者在来源国则不得不面临相当大的税收负担。如果在避免双重征税的同时征税权能留给居民国，显然是对居民国更有吸引力的结果，因此居民国仍然有限制来源国征税权的动机。第一，国外较低的预提所得税税率将减少居民国投资者的税收负担，并提高跨国公司在国外的竞争力；第二，如果来源国的税收降低了，使用抵免法或免除法避免双重征税的国家就可以征收外国收入剩余的税收。改变单边税收减免所带来的分配后果的愿望是各国缔结避免双重征税协定的决定性动机。因此，各国在共同利益的驱使下协商达成税收协定以实现税收管辖权帕雷托最优的分配结果。然而在协定谈判过程中存在着分配上的冲突：谁应该得到多大份额的税收收入呢？一国在国外的居民投资者应该承担多大的税收负担呢？

概括地讲，这就是国际税收体制中一直存在着的居民国和来源国在税基分配上的冲突。然而，这种说法虽然说明了分配冲突的本质，但没有充分反映现实情况，因为各国一般同时既是居民国也是来源国，投资流与收入流通常是双向流动的。尽管如此，仍然存在着分配上的冲突，因为各国的投资流通常并不对称。资本净进口国偏好来源国原则，而资本净出口国偏好居民国原则和对来源国征税的限制。

随着全球化的发展，国际避税问题的恶化很可能迫使国家开始考虑采纳多边税收协定的形式。跨国公司可以很容易地利用其他国家税收协定中较低的税率而取得较多税收优惠，这是一种搭便车的行为，它们所取得的税收利益对于其他企业而言是不公平的。国际避税问题所引起的执行问题只能通过多边的协定形式来解决——该问题是一个"囚徒困境"的结构。除非所有国家在多次互动的基础上愿意达成合作意向，放弃各自为政及短期背叛战略，才可能最终解决国际逃税问题。事实上，在应对避税问题时，经合组织启动了"有害的税收行为计划"，该行动是解决国际避税问题的首次国际多边努力。不过，这项努力并不触及双边税收协定本身，它只是试图建立一种与税收协定网络相分离的多边支持性结构。

此外，在双边税收协定谈判中，一个国家要与所有的主要贸易伙伴国签订税收协定，以解决它们之间的双重征税问题。各个税收协定的条款内容，特别是所规定的预提所得税税率等会有所不同，这为各国的税收当局制造了很大的工作量，并且手续烦琐。如果签订的是多边税收协定，那么虽然刚开始会很艰难，但在各国达成一致意见之后则比双边协定的规定要简化许多。

第二节 多边税收协定的可行性

讨论多边税收协定与双边税收协定的区别其实主要是讨论多边主义与双边主义的区别，因此在进一步探讨多边税收协定之前让我们来了解何为多边主义。多边主义指的是三个或更多国家之间在原则或规则基础上进行的合作。它与其他类型的国际关系存在两个主要区别：首先，它涉及多个国家间的合作关系，不同于双边的合作安排；其次，多边主义意味着政治自主性的削弱，因为参与国的选择和行动在一定程度上受到共同同意的规则和原则的限制。①

如果选择多边协定规则，国家必须接受政策自主性减少的条件。

---

① 多边主义在三个层面上运作，这三个层面由低到高分别是：体系多边主义、秩序多边主义和契约多边主义。在最基本的层面上，其表现之一是威斯特伐利亚国际体系；在中间层面上，它表现在地区或国际秩序中的政治经济组织上；在最高层面上，多边主义可以体现在政府间签订的条约和协议上——多边税收协定就是多边主义在最高层次上的体现，它是国家之间订立的"契约"。

当一个国家认为政策合作所带来的利益比由于政策自主性的丧失而支付的成本要多的话，多边交易是具有吸引力的。在这个过程中它还要判断其他参与国是否会信守限制政策自主性的承诺。如果该国无法确信其他国家实际上会受到多边规则的限制，那么它将不会愿意牺牲自己的政策自主性。同样的，如果要达成协定并使之生效，该国也需要令其他国家确信它对于条约规则的承诺是认真的。简而言之，国家必须对他国的可信度和政策限制的相对价值做出判断。

如果对他国的可信度和政策限制的相对价值做出判断属于各国的主观因素的话，那么多边税收协定的真正缔结还需要客观条件的支持，所以下面我们将讨论缔结多边税收协定的客观可行性。

一、《经合组织范本》的多边基础

多边税收协定由于涉及多个国家共同解决双重征税问题，显然是理想的税收协定形式。然而，多边的税收协定谈判在交易成本上是很昂贵的。在多边谈判中，各国会发现很难找到一个精确的税收分享规则可以同时满足它们与所有其他国家的利益。这也是为什么国际联盟起初的打算是建立一个多边税收协定范本，也是这个计划后来被弃置一边的原因。双边谈判被发现在国际税收中是更为现实的做法：如果谈判是双边的，那么缔约国双方还可以根据各国的相对投资地位对分配规则进行精确、细微的调整。分配规则的可行性考虑在很大程度上抑制了多边协定的发展。尽管如此，《经合组织范本》仍然是多边谈判的产物，经合组织各国派政府官员参加税收协定范本的谈判，共同参与了最终方案的成形。

双边税收协定谈判所基于的多边协定谈判范本与双边谈判本身相辅相成，形成互补的关系。避免双重征税协定的缔结是缔约国双方的一种博弈，我们可以想象协定的缔结一定伴随着艰苦的谈判过程。避免双重征税协定的执行并不构成很大的问题，但在谈判中双方在税收管辖权分配上的分歧是很大的。在这样的条件组合中，谈判双方会坚持自己在税收协定条款上的立场，因为他们知道协议的生效期很长，而实施并不困难。为了缓和讨价还价的激烈程度，各国有必要建立一个谈判"聚点"。这个"聚点"确保双边协定谈判不致因为税收管辖权分配的无限可能性而不着边际地发展下去。谢林（Schelling）认为"聚点"指的是不证自明的、被"自动"遵守的社会规范。① 由于学术上和实务中从未停止关于税收管辖权分配的争论，因此，各国有意建立谈判的聚点，便于谈判的顺利进行，避免无休止的对抗。《经合组织范本》有两个特征支持它成为最终的双边谈判的基点。首先，《经合组织范本》没有强制性和约束力。如果各国明白最终缔结的双边税收协定被允许偏离协定范本的话，那么即使范本并不完全符合它们的愿望，它们也愿意支持它。第二个特征是经合组织是由资金流向较为对称的国家组成的，这些国家关于税收管辖权在居民国和来源国之间的分配并没有很大的利益冲突。

在一种合作性博弈中，各国可以通过缔结税收协定进行合作，并取得较大利益。《经合组织范本》最终"自然"地成为避免双重征税问题的方案。一旦这个基点在经合组织国家确立，它会很容易地为较不富有的、资金流向不对称的国家所接受。多边税收协定机制便于各国对税收协定范本的解释和遵循，这包括对各国偏好和政策信息的收集和为谈判中出现问题的解决提供一个论坛。为了实现这个功能，在经合组织财税委员会的组织下，各国对税收协定范本曾经多次展开了详细、深入的多边讨论，这个过程与随后（双边）税收协定缔结过程

① Schelling, Thomas C. The Strategy of Conflict [M]. Cambridge, MA: Harvard University Press, 1980: 57

中的双边谈判相辅相成。双边谈判和多边谈判的相互作用降低了协议达成的交易成本，提升了效率。从另一个角度看，协定范本早先的多边谈判基础其实也为双边税收协定转变为多边税收协定埋下伏笔。

二、经济相互依赖性的不断增强

当今国际社会相互依赖的程度和规模都得到了前所未有的加强。20 世纪中期以来，信息高速公路飞速发展，技术革命带来的巨大变化使人们之间的交往和联系空前频繁，人类相互依赖程度空前加强，跨国交往、跨国行为体更加活跃，整个世界日益成为一个不可分割的整体。相互依赖网络正以空前的气势穿透民族国家的边界，席卷人类生活的各个领域。相互依赖已经成为当前国际社会的一种基本状态：每个国家的行为和利益得失都影响着他国并受他国的影响，国内行为不再是一国范围内的事情，而是具有外向影响的国际行为。相互依赖不同于相互联系。1977 年，约瑟夫·奈等将相互依赖定义为需要有关各方付出代价的效应，并宣布"如果交往并没有带来显著的需要各方都付出代价的结果，则它不过是相互联系而已"[①]，不是相互依赖。

新自由主义者对相互依赖的定义是："国家之间或不同国家的行为体之间相互影响为特征的情形。"[②] 这种相互依赖性是一种联结网络（多边关系），并不仅仅指单一联系。同时它也突破了区域网络的概念，包含洲际距离。相互依赖具有非对称性的特点。相互依赖不仅包括均衡的彼此依赖，还包括依赖的非对称性，而这种非对称性最有可能影响行为体的行为。相互依赖是一种"代价性效应"，它的出现往

---

① 所谓"需要有关各方付出代价的效应"，指的是引起后果的效应。它们可能会降低成本，提供收益，也可能增加成本。成本不一定是经济性的。

② 罗伯特·基欧汉，约瑟夫·奈. 权力与相互依赖 [M]. 门洪华，译. 北京：北京大学出版社，2002：9.

往标志着国家容易受到某种渗透的伤害。相互依赖并不是表面的双方相互依赖，在某种程度上是制约他国的权力资源。相互依赖作用于不同对象会产生不同的结果，处于强势和处于弱势对于某一情势下的相互依赖的反应有明显的差异，这就是相互依赖的敏感性和脆弱性。[①]由于当今世界相互依赖程度日趋加深，相互依赖的关系具有敏感性和脆弱性的特点，所以才更强调国际合作扩展的必要性。

　　各国经济产生相互依赖主要是通过跨国公司的作用。跨国公司对东道国经济产生的影响首先必须通过东道国准许其进入才能起作用。准许其进入，往往是因为跨国公司对于经济发展和社会进步产生的益处：跨国公司为东道国带来了先进技术、设备和管理经验，可以帮助东道国发展本国经济，提高国家实力。对于跨国公司而言，如果东道国与其母国之间签订了税收协定，那么它将更愿意进入该东道国，因为税收协定是两国政府所达成的互惠性质的一致性协议，税收协定还意味着在东道国税收秩序的存在，两国间在税收方面已经在相当程度上消除了不确定性，跨国公司可以对在东道国纳税、投资收益方面有着稳定的预期。不过双边税收协定已经无法满足情势发展的需要：跨国公司作为一个经济主体追求其利润的最大化原本无可非议，然而在这样做的过程中很多跨国公司已经逾越道德的边界，由于它们在全球范围内运作，可以利用母国、东道国与第三国签订的不同税收协定，轻而易举地逃避税收，使东道国和母国损失大量的财政收入。

　　国际社会的一个基本特征——国际互动（经济相互依赖性的增长）的急速增长和蔓延使规制和调整共同关系成为必要，包括对征税管辖权的协调。国际互动还常常带来双重征税或税收歧视，在有些情况下还是

---

　　① 敏感性是指一方对另一方变化所感受的速度和强度；脆弱性是指一方对对方变化的适应力强弱和承受能力。敏感性强的国家未必是脆弱国家，大国或强国能够控制和减轻自己的敏感性，它们可以利用他国的脆弱性来制约该国，增强本国的主动权。不对称的脆弱性相互依赖可被用来作为权力资源。

避税或逃税的可能性。当互动超过一定的水平之后，就会发生调整和规制共同关系的必要。国际相互依赖性变成了推动国际法发展的一个核心要素，因为它使规则权威性的承认（认可）变得确有必要。

不断增长的相互依赖性要求国际法得到修订，不仅通过扩展到新的领域，如增加空间法等，还通过纵向延伸，如在国际法的特定领域发展更复杂和详细的规则。这种二分法构成了国际社会的全球化，或者国际法"横向—量"的扩展和"纵向—质"的发展。国际财税法的发展既包括"水平"的维度，也包括"垂直"的维度。起初，税收协定的目的限于避免双重征税。今天，国际财税法的目的要更为广阔，还包括非歧视性和防止逃税。这是国际财税法"水平"维度的发展。多边税收协定可以被认为是国际财税法在垂直维上，即"纵向—质"上的发展。

有些相互依赖论者过于夸大了合作与和谐。实际上，世界政治以及经济生活中的相互依赖极为复杂，其影响和后果也不是单维的。新自由制度主义认为，"合作只会在行为者认为它们的政策处于实际或潜在冲突的情况下而不是和谐的情况下才会发生。合作不应该被视为没有冲突的状态，而应该被视为对冲突或潜在冲突的反应"①。合作的产生是因冲突而起，同时合作本身包含着冲突，包含着利益和权势的争夺。随着全球范围内经济的相互依赖性不断加强，对于多边政策协调的需要也随之增加。国家之间经济上的相互联系越是密切，它们各自目标的实现越是依赖于其他国家的行为。当相互依赖性增强之后，与牺牲自主性的成本相比，拒绝政策协调的机会成本将更大。而当国家之间的互动增加后，对于有利于互动的规则和制度的需求也随之增加。从这个意义上讲，多边主义机制在不断地自我增强着。

---

① 罗伯特·基欧汉. 霸权之后［M］. 苏长和，译. 上海：上海人民出版社，2001：64.

由于经济上的相互依赖性的增强，一个国家的福利已经与其他国家的福利密不可分，这种变化了的态势导致了国家观念结构的变化，各国缔结多边协定的驱动力不仅出于对自己利益的关心，还出于对他国利益的关心。因为在某种程度上它们有着确定的共同利益，可以不分"你我"。虽然他国的目标并不可能被纳入一国自己的目标中，但是对相互依赖性的一致认同，会给出某种特定的行为准则，这一行为准则对于促进团体中各成员国的目标和利益实现具有很大的工具价值。

现代经济学把人仅仅看成"经济人"的做法抛弃了人类的友善特征，忽视了人类复杂多样的伦理考虑——而这些伦理考虑是能够影响人类的实际行为的。合作的动机传统上被认为是为了维护和实现国家利益，合作以自我利益为基础。然而，除了可以用制度经济学中的博弈理论解释，也可以从人类行为的社会性去解释。国家之间的合作也遵循同样的逻辑。利益常常是国家行为的依据，各国理解自己国家的利益所在，并希望实现本国利益的最大化，但是，由于认识到与他国的相互依赖性，各国也关心他国的目标和利益。因此经济相互依赖性的物质现实将直接导致人们对于多边税收协定的不断增长的需要，而这将不会仅仅是对一国税收利益的关心——即使它们想这样做也是很难的，因为他国在某种程度上与自己处于相同的位置，关心他国的税收利益也是对本国税收利益的关心，反之亦然。

第三节　多边税收协定的伦理基础——世界主义

世界主义是指摆脱狭隘地方民族偏见，面向由诸多民族和语言构成的世界大都市。近二十年来，在西方沉寂已久的世界主义思想重新成为理论热点，对其进行剖析和阐述的文献著作卷帙浩繁，值得我们关注。世界主义被有的思想家认为是一种"继民族主义、共产主义、社会主义、新自由主义的思想衰退之后出现的又一伟大思想，这种思想也许能使人类活过 21 世纪，而不倒退到野蛮时代……"①

世界主义其实比民族国家、民族主义的历史悠久得多，它早在古希腊文化中就已出现并盛行了。世界主义的思维传统和价值追求并非西方的专利，但在文化自觉的意义上又确实首先是根源于希腊的一种智识上的创新。"世界主义"一词的希腊文原指"世界公民"。世界主义理念可以追溯到古希腊第欧根尼的时代：他反对按照自己人和外来人的标准区分希腊人和"野蛮人"；他不仅反对拿"我们"与"他人"相对比，而且回答了怎样代替他人的问题；他根据跨界的、无界的身份变动发明了"世界主义"的概念。

一般来说，有三种被普遍接受的世界主义理论模型。一是古希腊斯多葛主义者提出的"古典世界主义"。斯多葛主义者称自己是世界主义者，并主张用人类可以和谐生活于其中的"世界"来取代城邦的作用。他们认为我们生活在两个世界中：一个是地方性的，我们出生时即被赋予的世界；另一个是真正伟大和共同的世界，所有人都向往的理性和人性的平等价值是这个伟大世界的存在基础。每个人都生活在出生时即被赋予的地方社会中，同时也生活在一个更广阔的世界中。② 古典世界主义认为每个人都是"世界公民"，而且首先对"世界性的人类共同体"负有责任。

古希腊所处的地理环境决定了其文明的存在无法依赖农耕或游牧手段，古希腊人利用航海，通过贸易实现生存并创造了文明。在

---

① 乌尔里希·贝克. 全球化时代的权力与反权力[M]. 蒋仁祥，译. 桂林：广西师范大学出版社，2004：36－37。

② 赫尔德 D，罗西德 J. 国将不国？——西方著名学者论全球化与国家主权 [M]. 俞可平，译. 南昌：江西人民出版社，2004：317－318.

贸易交往过程中，作为主动一方的贸易者需要放弃其原本的地区性文化身份，形成与陌生对象的融洽交往关系——这逐渐强化了古希腊人对世界主义的认同。古希腊人开始认为希腊是世界的中心，希腊人肩负着令世界希腊化的历史责任。2300 多年前亚历山大大帝建立了横跨三大洲的帝国。亚历山大的征服以希腊文化为载体将西方思想和社会组织形式引入东方世界，这是一次最重要的文化传播。古希腊文化本身带有一种世界主义气质，这种气质深刻地影响了后来整个欧洲的文化。

第二种理论模型是 18 世纪康德提出的世界主义思想。康德在《论永久和平》中阐述了自己的世界主义思想。从理论的角度看，一切有理性的动物都平等地、共同地拥有"地球的表面"①，世界各国人民之间应当和平相处，彼此之间友好相待，每个人在属于各自国家的同时也共同属于这个世界。从现实的角度说，康德认为"地球上的民族已经在不同程度上进入了一个广泛的共同体，以至于在世界某处法律遭到侵犯，世界各处的人们都会有感觉。因此，建立一套世界主义的法律并不是刻意营造的幻想"②。因此，康德提出了创设一个超越国家的"世界政府"以实现人类永久和平的构想。

康德还长期思考一个问题：人的本质应是理性的自由，但是人在现实生活中却无法拥有自由。是什么造成了这种生存悖论呢？康德最终发现真正原因在于自由本身。自由是人的本质，然而，社会中各种自主选择和自觉的行动之间并不完全统一，此自由可能是彼自由的否定。为了消除自由的这种对抗性，实现社会公正以及人类理性的生存与发展，康德提出建立一个世界性的宪法社会的设想。康德推想，只

---

① Immanuel Kant. Political Writings [M]. London：Cambridge University Press，1977：106.

② 同①，107－108.

有在一个符合人性和有利于全人类自由实现的正义社会中，每一个人的自主选择和自觉行动才可能是所有人的自由，全人类的自由状态才能够得以呈现。而这种正义社会必须通过宪法才能得以保障。因此，在康德倡导的法治社会中，每一位社会成员都是世界公民，他们遵守着同样的法律，实现着同样的自由。

康德的世界主义观念同"理性的公开运用"的概念密切相连。康德按是否解除了对"理性的公开运用"的束缚来衡量一个社会的进步程度。康德想象对世界主义的法治社会的参与为进入一个开放的、自愿对话的世界的权利，并在其所谓的"世界主义权利"定义中采用了这一观点。世界主义权利意味着在政治共同体之中表达并倾听的能力，这是一种不受人为限制和规定的对话的权利。① 康德所理解的世界主义权利超越了民族和国家的特殊性，扩展到整个"世界共同体"之中，它意味着人们为了学会与其他团体和平相处所必须接受的权利和责任。

康德的世界主义观念融理想与现实于一体。人类对于大同社会久已希冀，各民族都对其有着丰富想象，这种想象征服了无数人的心。康德阐述了这一大同世界的可行性。这是一个"世界共同体"，人们通过自愿对话进入这个共同体中，并且将延续着对话，不断地消除分歧，达成共识；各国通过表达和倾听，学会与他国相处。这是一种重要的权利和能力，否则人类社会永远无法成熟，只会在猜疑和摩擦中将有限的精力和资源消耗殆尽。那个我们共同拥有的世界将是一个真实的世界，一个"真正伟大和真正共同的世界"。

当代世界主义是建立在全球化背景下的思想观念。1995 年为庆祝联合国成立 50 周年所发表的《我们的全球邻居关系》一文对全球化

---

① 赫尔德 D，罗西德 J. 国将不国？——西方著名学者论全球化与国家主权［M］. 俞可平，译. 南昌：江西人民出版社，2004：319.

进行了勾勒和展望：依据和平创建"一个世界"，在全球问题上采取一致行动，意识到我们是"共同人类"。对于全球化的这一定位显现了在历经古希腊世界主义传统、康德世界主义理论之后人类在当代的文化追求和价值努力，这种阐述也表达了在后现代图景中世界主义意向化和非领土扩张化的特征。欧洲世界主义文化传统试图将希腊区域性的文明推广至全球，成为统驭世界的唯一文明，康德则力求建立起统一的法治社会和建构世界公民身份，而当代的世界主义则是试图在多元、丰富而又趋同的世界中实现全球一体化。当代建立在全球化基础上的世界主义追求从文化意义的角度思考、阐述"地域"行为产生的全球化结果。换句话说，当代全球化中的世界主义的核心就是产生一种全球范围的认同感，自觉以一种涵盖全球的意识去思考与行动——世界正是在这种全球化的意识、全球化的认同感中实现了一体化。

由于当代的世界主义观念建立在文化意义的说明与认同之上，因而世界主义的另一特征是非领土性扩张。传统上世界主义的扩张常常以战争为手段，使原有的社会秩序和文化遭到严重摧残，具有强烈的破坏性，这也是康德提出法治社会、世界公民的原因。而当代世界主义的一个核心策略是削弱文化与领土之间的纽带联结，个体从社区的抑制中获得自由，使人类关系得以穿越时间与空间的束缚。人们从家园文化的偏见中挣脱，获得解放，站在全球的高度去领悟世间事物。当代全球化的世界主义与康德世界公民理论一脉相承，前者是后者的发展和继承，只是当代世界主义强调一种更积极的世界归属感，将世界视为众多的文化他者的意识组合。可以说，当代世界主义是欧洲世界主义传统、康德世界公民理论在当今世界的转向与实现，欧洲世界主义传统、近代康德世界公民理论在当代全球化背景下才有可能实现。

　　人类走向世界大同的实际问题是个体的生存。世界主义同每一个个体紧密相关，世界主义最终应通向人的自由生存与彼此之间的和谐相处。幸福是具体个人的幸福，走向世界主义是为了每一个人的应有权利与自由本性。以世界主义为基础的文化世界观同时强调对人类发展的整体审视和总体把握。在当今时代，将目光盯在某个区域的发展是一种落后的心态。在当代用世界主义的眼光来思考个人命运和世界是重要的，因为只有当有决心和能力用他人的排他性眼光观察一个被现代化束缚了的世界，使之在文化层面上觉醒并成为平凡世界的时候，那么在这个彻底被分裂的世界，才可能有安全。达成这个意义上的世界主义共识，弘扬承认他人渗透着种族的、民族的和宗教传统的、在交往中复苏的精神不再是一种道德败坏的幼稚的文字魔术，而是一个生存问题。

　　有些学者认为世界主义的核心在于它与个人解放联系在一起。著名的启蒙运动理论家孔多塞认为，世界主义是个人解放不可避免的结果。人们出生时被限定在某个特定的种族、宗教和语言群体中，当成人后一部分人选择留在其中，然而，解放了的个人却认为，他们的选择不应受到所继承的文化群体的限制。随着越来越多的个人到群体之外去寻求选择权，并且随着文化成员资格变成了纯粹自愿的东西，族裔的文化认同逐渐丧失了政治上的重要性，而被一种更世界化的认同所取代。[①] 较小的群体将逐渐融入越来越大的群体当中。根据世界主义的思维逻辑，区别"我们"和"他们"不再以种族（或国别）为条件，不再预先设定绝对的排他性，排他性的思维模式为包容性的思维模式所取代，因为"他人""外人"在一种新的平等条件下已经失去异己性。所以，"世界主义"意味着

----

　　① 威尔·金里卡. 少数的权利——民族主义、多元文化主义和公民 [M]. 邓红凤，译. 上海：上海译文出版社，2005：217.

在消融"我们"和"他们"的区别的同时，设计一个人人都有双重身份的结构。

不过，这种论据未必能直接证明世界主义是个人解放所导致的结果。个人选择融入其他群体中，无疑是一种心性开放的标志，但这其中可能有很多因素在发生作用，如科技发展、社会文明进步等。这就如同哲学上"鸡生蛋，蛋生鸡"的命题，很难说得清楚是个人解放导致了世界主义，还是世界主义导致了个人解放。然而，重要的是，个人丧失出生时被限定的壁垒，获得更大的发展和成长空间。界限和壁垒的消逝是决定性的，因为个人就如同抛弃了自己的旧壳，与"他者"结合，成为一个新的自我。在世界家园里，我们可以找到发展美德的更广阔的天地，个人的利益能得到更好的满足。也许，这才是"以人为本"真正的含义。在一般的意义上，世界主义意味着国家和个人之间联系的松弛，它强调与他人进行联合，扩展我们关于社区的积极态度。经济国家和个人之间联系的解体不应当被理解为只是一种心理倾向，它还表现在一种世界性文化的形成过程中。

作为国际协定，如果没有坚实的现实主义做背景，很难说这个协定在处理错综复杂的利益和纠纷上能够走多远。但是税收协定除了能够调整现实利益之外，还应表现出更宽广的气度和胸襟。在某种意义上，它可以与世界主义和人权保护联系在一起。作为一种重要的伦理主张，世界主义肯定了个人不应该仅仅被视为所在国家或社区的公民，它应该能够在超越本国边界的地方寻求自身的发展和完善。有学者于2006年强调了世界主义理论中的利他主义倾向，即对我们从未谋面的人的关心。[①] 人追求自我完善意味着需要机会的最大化，然而在严格的一国边界之内不能确保机会的最大化。世界主义并没有否认

---

① Appiah, Kwame Anthony. Cosmopolitanism：Ethics in a World of Strangers [M]. New York, London：Norton，2006：155.

国家的重要性：国家权力机关在意识到这些限制之后，有义务寻找克服的方式。① 各国相互之间的敌意使国家目标的实现受到威胁，有必要寻找能使它们相互之间和平共处的方法。

税收协定条款的逻辑确证了国家保护公民的使命。随着税收协定中分配规则的确立，国家有了减轻居民负担，使其收入不被重复征税的义务。这种义务减损了国家的税收收入，但它不仅是一种技术选择，还是一种政治选择。它表明了国家将居民的税收负担保持在合理水平上的意志，以确保经济、社会和个人得以进步的大量机会。公共权力与纳税人之间的关系被更新了。对于国家来说，重要的不是征税，而是保证在国外的居民得到税收减免和最大化的发展机会。

税收协定避免了过度征税，保证人们能够享受财富。财产权得到保护、免受征税权力的侵犯是一个古老的理论问题。约翰·洛克认为个人财产是个人享受生命和自由的必要前提，财产权是法律应该予以保护的基本人权。由于财产在自由的民主社会中的重要地位，税收协定的签订反映了缔约方对于国际规则中财产问题的道德视野。此外，财产权并不是避免双重征税协定所保护的唯一人权自由，其他的人类活动也得到相当大的保障。税收协定所保护的其他自由还有营业自由。通过"税收加以规制"的信条把征税和税收减免/免除当作鼓励或者抑制相应活动的经济政策工具。此外，通过缔结税收协定还避免了对于宗教社团、人道主义组织、科学和教育机构等跨境活动的双重征税。从这个角度来看，这些政策措施促进了宗教自由和结社自由；税收协定避免了对媒体或艺术领域跨境活动的双重征税，保证了表达自由；税收协定提供了消除阻碍人类跨境活动自由的税收因素的可能

---

① 康德认为，国家是理性的社会组织形式，其目标在于保证最大化的自由和帮助个人发展他们的能力。

性。如果在双边税收协定中，已经体现出国家的这种意愿和选择的话，那么多边税收协定为实现国家的这种使命提供了更大的机遇。

第四节　多边税收协定塑造集体身份和世界主义文化

建构主义虽然不否认结构——世界政治中对国家行为一系列相对无法改变的约束的重要性，但反对主流国际机制理论将结构和行为者二元割裂开来的实证主义哲学观，强调行为者和结构之间互相建构的关系。它试图去发现行为者认同的产生和演变规律，这种认同是对行为者利益和行为模式的影响，以及行为者的观念和行动在重塑（或不会重塑）行为体和结构中具有重要意义。当然，建构主义并不否认物质力量的重要性，只是突出强调包括知识、文化、观念、意识形态，甚至语言等在内的非物质力量。

建构主义强调国际体系文化的可变化性和国际社会进化的可能性。它的一个基本观点是：社会观念建构了国际体系的结构并使这种结构具有可塑性。① 这种可塑性表现在两方面：一是共有观念对国际体系的建构作用；二是国际文化体系对国家利益的建构作用。通过合作主体共同目标的建构作用，可以建立起有利于整个人类的全球秩序和合作模式。

利益常常是国家行为的依据，但利益以身份为先决条件，只有当行为体知道自己是谁之后才知道自己需要什么利益。没有身份，利益

---

① 建构主义的代表人物温特认为，人类关系的结构主要是由共有观念而不是由物质力量决定的；有目的行为体（如国家）的身份是由这些共有观念建构而成的，而不是天然固有的。参见亚历山大·温特. 国际政治的社会理论 [M]. 秦亚青，译. 上海：上海人民出版社，2000：1－5.

就会因失去方向而迷失。① 多边税收协定赋予成员国双重身份——除了仍然具有原本的缔约国身份外，缔约国还通过在国内法中将协定规范和价值观内化拥有税收共同体的成员国这一集体身份。温特认为，国家可以形成多种身份认同，但只有在各国之间建构起集体身份才能保证持续、真实的合作，因为集体身份意味着"自我包含着普遍化的他者"，即国家由利己倾向转为利他倾向和自我约束。缔约国获得的集体身份使其行为不再局限于自我利益的考量，可以超越自我，从而具有"他者"和"我们"的眼光。这里，世界主义的利他主义倾向得到强调，即对我们从未谋面将来或许也不会谋面的人的关心。

集体身份的变迁会促成社会共有观念的转换。当在反复互动过程中形成的文化认同强度超过一个临界点时，各国原有的文化便会实现质的变化。② 在建立了集体身份之后，合作型文化将会破土而出。文化的冲突一度使人类社会备受折磨，文化的多元逻辑也决定了只有构建起一个集体身份才可能真正获得彼此的认同，实现稳定的合作。税收协定实质是在建立一种合作型文化，这一点在多边税收协定上将得到最充分的体现。多边税收协定大大拓展了成员国的活动空间，能够帮助成员国进行全方位的、直接的合作互动。同在双边税收协定中一样，多边税收协定仍然要协调税收管辖权的冲突问题，只是这次所制定的冲突协调原则要同时满足所有缔约国的要求和利益。这时，如果每个国家都把持着自己的国家利益不动摇是不可能达成协议的，必须从超脱自我，从共同体的整体利益即以人类整体利益为出发点考虑利弊得失。在此过程中，税收协定将帮助建立起新的合作性的全球秩

---

① 亚历山大·温特. 国际政治的社会理论［M］. 秦亚青，译. 上海：上海人民出版社，2000：290.

② 同①，452－454.

序，并成为世界主义理论许诺将发生的极富包容性的，在整体性进步观念关照下的世界主义文化的工具之一。

世界主义的讨论涉及普遍性和差异性两个维度。从思想层面上说，世界主义追求差异，强调观念之间的相互对话、撞击，以产生火花。从伦理层面说，世界主义追求普遍的认同及人与人、民族与民族、文化与文化相互间的欣赏和接纳以及不带偏见的交流和对话。世界主义应当在这两个方面都得到实施和贯彻。世界主义既要消除偏见和成见，还要保护创见与新见。天下一家并不否定每一个世界大家庭的成员都有自己的思想范式和意义空间。世界主义认可个人、民族与文化之间的不同，它不把人类的多种族、多重宗教等看成威胁，而是将其视为更丰富的创造源泉。建立一种大同的世界家庭并不容易。因为世界不平等、不平衡，人们之间还缺乏一定的了解和沟通，无法产生必要的信任和尊重。所以，世界主义并非没有前提，既要沟通交流，还要相互尊重，只有在这个基础上才能寻求认同。任何操之过急的世界主义理想都是一厢情愿，并践踏了这个美好概念。

应注意不要将世界主义等同于后现代的个体主义以及民族主义。后现代的视野之内尽是支离破碎的东西，过分强调了人与人之间、民族与民族之间的单独性，不能交流也不必交流。还要将世界主义和民族主义之间做出区分。民族主义总是尝试形成标准化、统一化的价值，同时和外界划清界限。在民族内部寻求平等，但在民族外部，民族主义常常建立起"我们"和"他们"之间的对比区分。① 这显然无助于培养对待别的文化的宽容和开放的心态。

世界主义作为一种"公共善"，包含了一种伦理的和政治的空间，

① 这是一种前现代的思维，但在现代也有它的痕迹，我们可以看到亨廷顿所提到的文化冲突也是将文化区分出等级和区别。

它为认可人们平等的道德价值、能动的主体以及自主与发展所需要的东西提供了参照系。与世界主义的理论相呼应，当代世界主义的文化，应是基于不同文化间的冲突现实，试图在"人类一家"的意义基础上建立一种具有极强包容性的文化。在当今世界，世界主义文化将起到整合、提升人类精神境界的作用。如果在时间之轴和空间之轴中没有引入文化的"精神境界之轴"①，那这个世界将依然是破碎的。缺乏精神境界的提升，这个全球化的世界就会显得空洞，并会导致幸福感的普遍缺失。比起平面的世界，人类的精神世界才是波澜壮阔的。物质和技术再发达也无法抵达人类的心灵和精神世界。而这种整体性文化的形成将是一个艰辛的过程，其中不可或缺的重要历程是不同文明间展开坦诚而开放的对话。正如杜维明先生所说的，须以容忍创造对话的条件，以承认对方的存在确立认识对方的意愿；对话的目的不在于证明自己的正确，而是了解对方，扩大自己的参照系，反思自己的局限性；对话的结果是相互参照、相互学习，并实现"对于差异性的庆祝"。

　　中国的文化传统中有着对于天下大同境界的向往和追求。从这种意义上看，这是对发源于欧洲的世界主义的一种补充。同时这也意味着世界主义实际上是一种复数上的世界主义。② 从逻辑上讲，世界主义与中国传统文化之间应该有一种真实的关联。应该说：中国传统文化原本就具有世界主义所要求的精神气质和价值特质。按照世界主义的文化取向，未来的文化形态一定具有极强的兼容性，不同文化将平等参与、共同创造以及交融互生。而中国传统文化一开始就具有这一特点。中国文化是一种伦理本位的文化，是一种推崇天下情怀，是一

---

　　① Nussbaum, Martha C. Cultivating Humanity: A Classical Defense of Reform in Liberal Education [M]. Cambridge, MA: Harvard University Press, 1997: 110.

　　② 有学者提出，在世界主义的基础上，可以纳入更多的其他传统与文化，由此构成多元的世界主义。

种以整体性为价值取向的文化。中国文化是一种成长型、涵容性极强的文化形态，有着独特的文化价值。① 中国传统文化的本质就在于它强调的是在"我/他"模式之外的另一种模式，强调的是兼收并蓄。谈到中国传统文化，就不能不提《周易》思想。中国的易学提供了一个变化多端的思维模型。这种思维模型强调在整体中把握分歧，通过在整体中找寻并穷尽所有的关联，并对这些关联做深度透视以了解其可能具有的各种动态关系，并在现存结构中透视未来的发展态势。②《周易》思维有可能统合不同文化的思维模型，并在此基础上创立新典范，成为新的时代发展的重要凭借。相互交往的全球意识正成为普遍化的意识，各民族都在寻求自身文化的根源和特征，以求在世界文化对话中讲出自己独特的话语而造福于新的文化转型时期。我们从世界主义的三种模式可以了解到，世界主义思维是一种智慧转换的产物，而这种转变又是文化自觉的体现。我们期待中国传统文化在构建崭新的世界主义文化范式中发挥重要作用。

合作的最终目的应是确立一种文化生存的整体性逻辑，建立不同民族或拥有不同传统和宗教信仰的民众之间的一种普遍信任与友谊，并形成共同体意义上的团结一致，从而使个体能够真正领略和感悟人性的高贵、生活的华美与尊严。我们必须正视一些根本性的问题——什么是友谊？在一个不断表现出共同努力与稳定秩序，同时各式各样的冲突又层出不穷的世界中，什么是朋友？团结意味着什么？另外，人们又是如何分享友谊与团结的？③ 在这里让我们再一次转向我们对于正义的探询。正义是一个历史性的概念，它是流动的，不断向那不

---

① 当然，这种文化因其对个体权利的绝对漠视，也存在着自身的缺陷。这一点也应引起重视。

② 胡晓明. 现代性的普世依据：重新认识中国文化与欧洲启蒙思想的真实融会 [M]. 上海：华东师范大学出版社，2002：61－74.

③ 成中英. 本体与诠释：中西比较 [M]. 上海：上海社会科学院出版社，2003：277.

可能的绝对正义理念接近的过程。根据我们第一部分的推衍，正义意味着公平和自由的实现，那么公平和自由在这个新的历史时期将意味着团结和合作，因为我们可以发现正是团结和合作蕴含着人类所向往的真正的公平和自由。如果之前的正义理念强调"分"的概念，即如何恰如其分地切割权力和利益，使各人得其所应得，那么这里的正义则重视"合"的问题，它关心的是如何得到众人合力，即"合作正义"。进一步说，多边税收协定促进团结和合作，我们认为它是正义从"分配正义"迈向"合作正义"的表征。

第七章 结论

通过本书的论述，我们可以认识到，正义是税收协定的内核，是贯穿税收协定始终的关键要素。协定条款根据现实情况不断被调适、修订。我们可以看到一条主线，即愈来愈趋近正义性。正义具有非绝对性的特性，即不断地向那绝对的正义靠近，但又永远无法真正接近它。它使人可以永远胸怀希望，如同心中有一把亮着的火炬。正义给我们希望的力量和前行的勇气。应该重视税收协定的正义性问题的研究，并将其引向深入，这是不可回避的重大课题。

正义有两个层面的含义，即正义的公平层面和正义的自由层面。正义可以划分为分配正义和合作正义，即正义"分"的方面和"合"的方面，分配正义和合作正义两者又可以统合在"和谐正义"之下。可以根据罗尔斯在《正义论》中提出的正义两原则衍生出国际社会——包括税收协定——所适用的正义原则作为检验正义性的标准。本书的研究证实了税收协定中蕴含着充分的正义性（而这一点在以往的研究中是被忽视的），这通过税收协定的宗旨、原则、制度和机制，以及解释和执行与正义标准的契合表现出来。

首先，正义是税收协定的内核，是贯穿税收协定始终的关键要素，税收协定的缔结和修订要坚持正义性，尽量体现正义性的要求。例如，税收协定条款应力求使税收利益在两国之间得以公平分配，考虑经济最不发达国家的利益；在本国财政可以接受的范围内，使纳税人获得更大的跨国活动自由，等等。

那么坚持税收协定的正义性对于我国政府谈判和签订税收协定有何借鉴意义呢？本书作者认为，我国政府官员在进行税收协定的谈判时不能仅从一国的短期利益出发，依短期利益指向行事。正义应当在谈判者的考虑中占据一席之地。现实主义者完全可以对此嗤之以鼻，然而，可以拿我们的整个讨论来证明，现实主义其实紧紧追随理想主义的指引，理想主义犹如现实主义者的指路明灯。

签订一个协定与其说是为了获取利益，不如说是为了表明本国已经迈入文明国家之列，成为文明国家"俱乐部"的成员。这种姿态本身使其他国家对其产生尊敬和信任，跨国公司和个人也更愿意在这样的国家投资。这是一种名声、形象上的利益。在这种背景下，我们将正义理论做进一步的推进：当我国的经济实力如日中天之时，我们是否可以不做"霸权"的打算，而是给正义更多的回旋空间，在税收谈判的签订中不是一味贪图财政上的具体利益，而是可以将一定的财政利益让渡给经济弱国？须铭记，正义的作用在于联合，这样做将使我国负起大国示范的职责，打造我国与其他国家更坚固的友谊联盟。况且只有具备智识和行动上的道德勇气，培养出"浩然正气"，一个国家才能在国际上享有备受尊崇的领袖地位。

其次，在签订和适用税收协定时，要注意保持公平与自由两个维度的平衡。例如，协定滥用禁止原则作为税收协定的一个原则，强调了对协定缔约国权益的保护，强调了协定维护公平性方面的作用。然而，过于强调公平性可能为纳税人在其他国家进行的商业、贸易、文化娱乐、体育活动等设置一定障碍，抑制纳税人自由权的发挥和个体独立性的发展，从而妨碍正义的充分实现。外国控股公司规则就是很典型的例子。作者认为，在有把握能够以某种方式消除外国控股公司规则对公司设立自由的负面影响之前不宜急于订立该规则。

例如，我国在签订税收协定时，应注意在信息交换条款中加强信息交换与纳税人隐私权保护的适度平衡。信息交换条款的目的是为了加强纳税人的国外纳税信息在两国间的流动，在一国税收当局调查能力有限的情况下，借助对方的力量来掌握纳税人的收入情况，加强税收监控。打击逃避税、保护国家财政收入是冠冕堂皇的正义理由。我国税务当局应借鉴国外有关信息交换的研究成果以及现实经验，加强与他国的情报交换。在有效防止逃避税发生的同时，还要注意不要让在国家公权力面前显得势单力薄的纳税人被剥夺了保障其尊严的隐私权——人生的幸福感和安适感离不开隐私权对他人窥视、世事烦扰的屏蔽。在一个技术极度发达，摄像镜头无所不在的时代，国家应注意保护而不是侵犯纳税人的隐私权。在"公权力"（或者说皇帝旨意）的行使曾畅通无阻几千年的国度，个体隐私权只是一个时尚的名词，不具备厚实的本土性文化根基，所以我国尤其应当注意这一点，重视现代人在当今时代的心理需求。

再次，在签订了包蕴正义性的税收协定之后，应加强税收协定的适用与执行。在税收协定的适用过程中（其中包括本文讨论的协定的原则和具体制度的施行、税收协定的解释等），必然会发生各种争端，还可能发生违反税收协定的行为。对于违反税收协定的行为，必须让法律释放其惩戒威力，以此来维护良好的税收秩序。正义的力量在这里通过负面惩戒表现出来——正义在有的情况下是报复性的。应该承认，一味隐忍退避只会令作恶者肆无忌惮。这种惩戒实施起来貌似简单，实则艰难，因为我国还缺乏精通国际税法的法官和律师，另外税收协定的学术研究本身也还处于起步阶段。这当然不利于税收协定在我国国内的适用，也直接影响协定违法案件的司法处理，协定的执行当然也就无从谈起。因此，应从学科建设做起，培养一批精通国际税法及税收协定的专家、学者和研究人员，并从受过专业培训的从业人员中选拔能够胜任职责的法官和律师。这些人才将有力地支持协定的适用与执行。从另一个角度看，发掘税收协定的正义性更有利于税收协定在我国的适用与执行，因为税收协定中的正义性既是情之所系，又是理之所安，在重视"情理交融"的中国文化中，它对于司法行政人员具有莫大的吸引力。

要充分发挥共同协商机制的作用。协商机制是双方解决争端的友好对话机制。我们对这种机制的认识还很肤浅，无法把握其"神韵"，该机制的潜能也无法得到充分显现。很遗憾，人们在实践中并未深入探求、充分认知协商的技巧。协商不同于对抗性的博弈，它是双方"求真"的一个过程；协商的操作本身有很强的技巧性，包括双方所抱的心态、对话的语气，以及对于观点冲突和争议的处理等。共同协商程序的功能还有待于进一步发挥。而目前存在的关于共同协商程序的种种缺点，有的正是由于协商的功能尚未得到充分挖掘而导致的。例如，关于协商程序延续时间长、缺乏效率的问题，如果双方在协商技巧上取得进展，在有些情况下就可以尽快取得结果。仲裁制度当然有其优胜之处，我国应积极探索仲裁程序在税收协定中的运用，但这并不意味着必然要否定共同协商程序。在共同协商程序的潜力被充分而有效地开发之前就断然否定它，这无疑意味着人们丧失了一次探索以友好方式解决争端的宝贵机会。

最后，今后在研究当中应重视对多边税收协定的研究，因为它是实现税收协定的宗旨和目的的更大机遇，并能够体现另一个层面的正义性——"合作正义"的要求。

本书作者认为，从双边税收协定到多边税收协定是一个必然的趋势。这其中有着深厚的伦理学和哲学背景——世界主义思想作支撑。而我国的传统文化中也含有世界主义的元素，博大深邃、独具一格的中国文化可以为整合性的世界主义文化增添异彩。当我国开始签订双边税收协定时已经是在步西方世界的后尘。整个税收协定范本是西方发达国家引领生成的，这先天地决定了我国在税收协定的研究和谈判中很大程度上是处于追随者而非领导者的地位。多边税收协定给了我们一次历史性的机遇，即抢占时机，迅速前行，更多地参与多边税收协定的讨论和研究，以求在多边税收协定范本的条款设计中取得更大的话语权。我们应满怀自信：我国讲究"和"的文化传统使我们在研究多边税收协定上有着文化理念上的便利，我们应着重研究多边税收协定与双边税收协定的可兼容与不可兼容之处，设计能够兼顾各方利益，促进资本、人员、商品、服务在更广范围内自由流动的税收协定体制。

正义性其实是税收协定发展背后的重要因素，对国家的立法和法制建设有着重大意义。我们应该对立法影响因素的重要性重新排序，重新确立什么是立法者应首先和着重考虑的因素。这是一条通往回归正义之路。然而这是"中庸"的选择，是真实的，也是长久的。我国政府在与其他国家签订以及修订税收协定时，应重视协定对于正义性的体现。对于法制建设而言，坚持税收协定的正义性将有助于协定的适用，以及促进国际税收秩序和国内税收秩序的形成。如果协定本身的正义性遭到人们的质疑，那么这对于它的适用是极为不利的。有些人当然希望能够脱离法律的监督和控制，而更多的人则希望法律能够保护他们应有的权利。如果它无法保持正义性和维护公道，那么它将不可能被普遍遵从，消除税收管辖权无序状态的初衷无法实现，法制建设也无从谈起。

参考文献

[1] 柏拉图. 理想国［M］. 郭斌和，张竹明，译. 北京：商务印书馆，1986.

[2] 亚里士多德. 尼各马科伦理学［M］. 廖申白，译. 北京：商务印书馆，1964.

[3] 亚里士多德. 政治学［M］. 吴寿彭，译. 北京：商务印书馆，1965.

[4] 亚里士多德. 亚里士多德全集［M］. 苗力田，译. 北京：中国人民大学出版社，1993.

[5] 柏格森. 时间与自由意志［M］. 吴士栋，译. 北京：商务印书馆，1958.

[6] 约瑟夫·拉兹. 自由的道德［M］. 孙晓春，译. 长春：吉林人民出版社，2006.

[7] 卢梭. 论人类不平等的起源和基础［M］. 李常山，译. 北京：商务印书馆，1962.

[8] 洛克. 政府论［M］. 叶启芳，译. 北京：商务印书馆，1964.

[9] 罗尔斯. 正义论［M］. 何怀宏，译. 北京：中国社会科学出版社，1988.

[10] 布莱恩·巴里. 正义诸理论［M］. 孙晓春，译. 长春：吉林人民出版社，2004.

[11] 戴维·米勒. 社会正义原则［M］. 应奇，译. 南京：江苏人民出版社，2005.

[12] 路易斯·卡普洛，斯蒂文·沙维尔. 公平与福利［M］. 冯玉军，涂永前，译. 北京：法律出版社，2007.

[13] 罗哈吉. 国际税收基础［M］. 林海宁，范文祥，译. 北京：北京大学出版社，2006.

[14] 罗斯科·庞德. 法理学［M］. 邓正来，译. 北京：中国政法大学出版

社，2004.

[15] 赫拉布鲁特. 法哲学 [M]. 王朴，译. 北京：法律出版社，2006.

[16] 亚夫·考夫曼. 法律哲学 [M]，刘幸义，译. 台中：台湾五南图书出版公司，2000.

[17] 霍布豪斯. 自由主义 [M]. 朱曾汶，译. 北京：商务印书馆，1984.

[18] 约翰·穆勒. 论自由 [M]. 程崇华，译. 北京：商务印书馆，1979.

[19] 泽格蒙特·鲍曼. 自由 [M]. 杨光，译. 长春：吉林人民出版社，2005.

[20] 罗尔斯. 政治自由主义 [M]. 万俊人，译. 广州：广东人民出版社，2003.

[21] 康德. 永久和平论 [M]. 何兆武，译. 上海：上海人民出版社，2005.

[22] 迈克尔·爱德华. 积极的未来 [M]. 朱宁，译. 南昌：江西人民出版社，2006.

[23] 雅克·布道. 建构世界共同体 [M]. 万俊人，译. 杭州：江苏教育出版社，2006.

[24] 詹姆斯·多尔蒂，小罗伯特·普法尔茨夫. 争论中的国际关系理论 [M]. 阎学通，译. 北京：世界知识出版社，2003.

[25] 黑格尔. 历史哲学 [M]. 王造时，译. 上海：上海书店出版社，1999.

[26] 戴维·赫尔德. 民主与全球秩序：从现代国家到世界主义治理 [M]. 胡伟，译. 上海：上海人民出版社，2003.

[27] 赫德利·布尔. 无政府社会：世界政治秩序研究 [M]. 张小明，译. 北京：世界知识出版社，2003.

[28] 霍布斯. 利维坦 [M]. 黎思复，译. 北京：商务印书馆，1986.

[29] 罗纳德·德沃金. 至上的美德：平等的理论与实践 [M]. 冯克利，译. 南京：江苏人民出版社，2003.

[30] 亚历山大·温特. 国际政治的社会理论 [M]. 秦亚青，译. 上海：上海人民出版社，2000.

[31] 詹姆斯·博曼. 公平协商：多元主义、复杂性与民主 [M]. 黄相怀，译. 北京：中央编译出版社，2006.

[32] 伊壁鸠鲁，卢克来修. 自然与快乐 [M]. 包利明，译. 北京：中国社会科

学出版社，2004.

[33] D. 赫尔德，J. 罗西德. 国将不国？——西方著名学者论全球化与国家主权 [M]. 俞可平，译，江西人民出版社，2004.

[34] 尼尔·K. 考默萨. 法律的限度——法治、权利的供给与需求 [M]. 申卫星，译. 北京：商务印书馆，2007.

[35] 伯根索尔. 国际公法 [M]. 黎作恒，译. 北京：法律出版社，2005.

[36] 格劳秀斯. 战争与和平法 [M]. 何勤华，译. 上海：上海人民出版社，2005.

[37] 赫德利·布尔. 无政府社会：世界政治秩序研究 [M]. 张小明，译. 北京：世界知识出版社，2003.

[38] 道格拉斯·G. 拜尔. 法律的博弈分析 [M]. 严旭阳，译. 北京：法律出版社，1999.

[39] 康德. 历史理性批判文集 [M]. 何兆武，译. 北京：商务印书馆，1997.

[40] 康德. 法的形而上学原理 [M]. 沈叔平，译. 北京：商务印书馆，1991.

[41] 赫德利·布尔. 无政府社会：世界政治秩序研究 [M]. 北京：世界知识出版社，2003.

[42] 罗伯特·欧基汉. 霸权之后：世界政治经济中的合作与纷争 [M]. 苏长，译. 上海：世纪出版集团，2001.

[43] 罗伯特·欧基汉. 局部全球化世界中的自由主义、权力与治理 [M]. 洪华，译. 北京：北京大学出版社，2004.

[44] 威尔·金里卡. 少数的权利：民族主义、多元文化主义和公民 [M]. 邓红凤，译. 上海：上海译文出版社，2005.

[45] 戴维·赫尔德，安东尼·麦克格鲁. 全球化与反全球化 [M]. 陈志刚，译. 北京：社会科学文献出版社，2004.

[46] 孟德斯鸠. 论法的精神 [M]. 张雁深，译. 北京：商务印书馆，1961.

[47] E. 博登海默. 法理学：法律哲学与法律方法 [M]. 邓正来，译. 北京：中国政法大学出版社，1999.

[48] 约瑟夫·S. 奈，约翰·D. 唐纳胡. 全球化世界的治理 [M]. 王勇，译. 北京：世界知识出版社，2003.

[49] 曼瑟尔·奥尔森. 集体行动的逻辑 [M]. 陈郁, 译. 上海：上海三联书店, 1995.

[50] 乌尔里希·贝克. 全球化时代的权力与反权力 [M]. 蒋仁祥, 译. 桂林：广西师范大学出版社, 2004.

[51] 韩慧莉. 欧洲一体化思想研究 [M]. 长春：吉林人民出版社, 2005.

[52] 熊志君. 国际税收与世界各国税制 [M]. 海口：海南出版社, 2004.

[53] 国家税务总局税收科学研究所, 国家税务总局国际税务司. 2002—2004 年国外税收考察报告集 [G]. 北京：经济科学出版社, 2005.

[54] 国家税务总局税收科研所, 国家税务总局国际税务司. 1998—2001 年国外税收考察报告集 [G]. 北京：经济科学出版社, 2004.

[55] 张守文. 经济法理论的重构 [M]. 北京：人民出版社, 2004.

[56] 张守文. 税法原理 [M]. 北京：北京大学出版社, 1999.

[57] 刘瑞复. 经济法 [M]. 北京：中国政法大学出版社, 1991.

[58] 胡晓明. 现代性的普世依据：重新认识中国文化与欧洲启蒙思想的真实融会 [M]. 上海：华东师范大学出版社, 2002.

[59] 李梅. 权利与正义：康德政治哲学研究 [M]. 北京：社会科学文献出版社, 2002.

[60] 邓力平, 陈涛. 国际税收竞争研究 [M]. 北京：中国财政经济出版社, 2004.

[61] 秦亚青. 权力·制度·文化 [M]. 北京：北京大学出版社, 2005.

[62] 程又中. 国际合作理论：批判与建构 [M]. 北京：世界知识出版社, 2006.

[63] 成中英. 本体与诠释：中西比较 [M]. 上海：上海社会科学院出版社, 2003.

[64] 朱伯崑. 先秦伦理学概论 [M]. 北京：北京大学出版社, 1984.

[65] 财政部, 国家税务总局. 中国对外税收协定集：第三辑 [M]. 北京：中国财政经济出版社, 1988.

[66] 财政部, 国家税务总局. 中国对外税收协定集：第二辑 [M]. 北京：中国财政经济出版社, 1987.

[67] 财政部, 国家税务总局. 中国对外税收协定集：第一辑 [M]. 北京：中国

财政经济出版社，1986.

[68] 陈家刚. 协商民主 [M]. 上海：上海三联书店，2004.

[69] 王选汇. 避免双重征税协定简论 [M]. 北京：中国财政经济出版社，1987.

[70] 刘剑文. 国际税法学 [M]. 北京：北京大学出版社，2004..

[70] Alfred Denning. The Road to Justice [M]. London：Stevens & Sons Limited，1955.

[71] Kwame Anthony Appiah. Cosmopolitanism：Ethics in a World of Strangers [M]. New York，London：Norton，2006.

[72] Skaar A A. Permanent Establishment：Erosion of a Tax Treaty Principle [M]. Boston：Kluwer Law and Taxation Publishers，1991.

[73] Andrea Amatucci. International Tax [M]. La.：Aspen Publishers，2006.

[74] Adolfo J. Martin Jiménez. Towards Corporate Tax Harmonization in the European Community：an Institutional and Procedural Analysis [M]. London；Boston：Kluwer Law Internation，1999.

[75] Andrew Lymer, John Hasseldine(ed). The International Taxation System [M]. Boston：Kluwer Academic Publishers，2002.

[76] Pierson C. The Modern State [M]. London；New York：Routledge，1996.

[77] Daniel Sandler. Pushing the Boundaries：the Interaction between Tax Treaties and Controlled Foreign Company Legislation [M]. London：Institute of Taxation，1994.

[78] Jon Elster. Deliberative Democracy [M]. London：Cambridge University Press，1998.

[79] Hart H M, Sacks A M. The Legal Process：Basic Problems in the Making and Application of Law [M]. Mineola，NY：Foundation Press，1994.

[80] Russell Hardin. Collective Action [M]. Baltimore：John Hopkins University Press，1982.

[81] Frenkel J A, Assaf Razin, Efraim Sadka. International Taxation in an Inte-

grated World [M]. Cambridge, Mass.: MIT Press, 1991.

[82] Immanuel Kant. Political Writings [M]. London: Cambridge University Press, 1977.

[83] Hans Kelsen. General Theory of Law and State [M]. Massachusetts: Harvard University Press, 1945.

[84] Kees Van Raad. 1963 and 1977 OECD Model Income Tax Treaties and Commentaries [M]. Deventer; Boston: Kluwer Law and Taxation Publishers, 1990.

[85] Kees Van Raad. Nondiscrimination in International Tax Law [M]. Boston: Kluwer Law and Taxation Publishers, 1986.

[86] Klaus Vogel. Interpretation of Tax Law and Treaties and Transfer Pricing in Japan and Germany [M]. The Hague; Boston: Kluwer Law International, 1998.

[87] Michael Lang. Multilateral Tax Treaties: New Developments in International Tax Law [M]. London; Boston: Kluwer Law International, 1998.

[88] Michael Lang, Mario Züger. Settlement of Disputes in Tax Treaty Law [M]. Boston, Mass.: Kluwer Law International, 2002.

[89] Michael Lang. Tax Treaty Interpretation [M]. Boston: Kluwer Law International, 2001.

[90] Rutsel Silvestre J. Martha, The Jurisdiction to Tax in International Law — Theory and Practice of Legislative Fiscal Furisdiction [M]. Deventer; Boston: Kluwer Law and Taxation Publishers, 1989.

[91] Ned Shelton. Interpretation and Application of Tax Treaties [M]. London: Lexis Nexis, 2004.

[92] Mancur Olson. The Logic of Collective Action: Public Goods and the Theory of Group [M]. Cambridge, Mass.: Harvard University Press, 1971.

[93] Essers P H J, Guido de Bont J M E, Kemmeren E C C M. The Compatibility of Anti abuse Provisions in Tax Treaties with EC Law [M]. The Hague; Boston: Kluwer Law International, 1998.

[94] Pasquale Pistone. The Impact of Community law on Tax Treaties: Issues and Solutions [M]. Boston: Kluwer Academic Publishers, 2002.

[95] Blessing P H. Income tax treaties of the United States. Boston [M]. MA: Warren, Gorham & Lamont, 1996.

[96] McDaniel P R, Ault H J. Introduction to United States international taxation [M]. The Hague: Kluwer Law International, 1998.

[97] Paul Kirchhof, Moris Lehner, Raupach Arndt, (ed). International and Comparative Taxation: Essays in Honour of Klaus Vogel [M]. The Hague: New York: Kluwer Law International, 2002.

[98] Martha R S J. The Jurisdiction to Tax in International Law[M]. Deventer the Netherlands: Kluwer Law and Taxation, 1989.

[99] John Rawls. A Theory of Justice [M]. Cambridge: Belknap Press, 1971.

[100] Wolfgang Gassner, Michael Lang, Eduard Lechner. Tax treaties and EC law [M]. London; Boston: Kluwer Law International, 1997.

[101] Schelling T C. The Strategy of Conflict. (2nd ed)[M]. Cambridge, MA: Harvard University Press, 1980.

[102] Martin Shapiro. Courts: A Comparative and Political Analysis [M]. Chicago and London: The University of Chicago Press, 1986.

[103] Richard Vann. Tax Treaties: Linkages between OECD Member Countries and Dynamic Non — Member Economies [M]. Paris, France: OECD; Washington D. C.: OECD Washington Center, 1996.

[104] Doernberg R I, Kees van Raad. US Tax Treaties[M]. Deventer; Boston: Kluwer Law and Taxation Publishers, 1991.

[105] Stef van Weeghel. The Improper Use of Tax Treaties: with Particular Reference to the Netherlands and the United States [M]. London; Boston: Kluwer Law International, 1998.

[106] Ramon J J. The Impact of State Sovereignty on Global Trade and International Taxation [M]. The Hague; Boston: Kluwer Law Interna-

tional，1999.

[107] Vogel. Klaus Vogel on Double Taxation Conventions [M]. London，The Hague，Boston：Kluwer Law International，1997.

[108] Zhang Xin. The Law and Practice of International Tax Treaties in China [M]. London：Wildy，Simmonds & Hill Publishing，2003.

后　记

本书是在我的博士学位论文的基础上修订而成。

谨以本书献给我的父亲和母亲：他们赐给我生命和爱。

经过四年的学习，我的博士学位论文终于成形。它就像一棵小树历经不同的节气终于结出了果实，它是时光和精气的结晶物。在它的背后是所有帮助过我的人。

感谢我的导师刘瑞复教授，他给予我的是慈父般的关爱和学术上的指导。当我在黑暗之中探索时，他曾给予我力量和勇气。

感谢张守文教授对我的指导之恩。他引领我在思想的天空尽情驰骋，没有他，不可能有这篇与正义相关的论文的出现——而这是我在博士阶段的使命。

感谢奥地利教授 Michael Lang 先生，他慷慨地为我提供了在维也纳研究税收协定的机会。感谢徐景和师兄，他对我的写作提供了许多宝贵的意见。感谢英国学者 J. F. 艾弗里·琼斯先生，他慷慨地把他写作和发表的论文提供给我阅读、学习。

感谢所有的赐予，感谢所有的祝福，感谢所有的信任，感谢所有的关注。这一切使我更加明白：珍惜生命，珍惜今天。

感谢北京大学。